LE MUSE DI ARCHILOCO

RICERCHE SULLO STILE ARCHILOCHEO

OPUSCULA GRAECOLATINA
(Supplementa *Musei Tusculani*)
Edenda curavit Ivan Boserup
Vol. 23

LE MUSE DI ARCHILOCO
RICERCHE SULLO STILE ARCHILOCHEO

di
Antonio Aloni

MUSEUM TUSCULANUM PRESS

COPENHAGEN 1981

© Museum Tusculanum Press
Printed in Special-Trykkeriet Viborg a-s
ISBN 8798013173

Le citazioni dei paragrafi 6. 1-3. della seconda parte sono tratte da Omero, *Iliade* e *Odissea*, Torino 1963 per concessione dell'ed. Einaudi.
La *ka^lpis* (Beazley ARV^2 31, 7) dei Musées Royaux di Bruxelles e le *pyxis* (Beazley ARV^2 774) del Museum of Fine Arts di Boston sono riprodotte per gentile concessione dei rispettivi Musei.

INDICE

PREMESSA..p. 7
NOTE..p. 11

I TESTI..p. 13

PARTE PRIMA: SULLO STILE FORMULARE
DI ARCHILOCO..p. 19
Capitolo 1: Il poeta e la città..........................p. 21
Capitolo 2: Soldato e poeta............................p. 31
Capitolo 3: Pane d'orzo e vino d'Ismaro........p. 49
Capitolo 4: Conclusioni..................................p. 61
NOTE..p. 65

PARTE SECONDA: UN GIORNO, DUE RAGAZZI
A PARO..p. 73

APPENDICE: L'*Epodo* e la biografia archilochea:
i fatti e il metodo..p. 145

NOTE..p. 149

BIBLIOGRAFIA CITATA IN ABBREVIAZIONE....p. 161

DANSK RESUME (RIASSUNTO IN DANESE)........p. 169

Il volume è stato pubblicato con il contributo del C.N.R.

PREMESSA

0.0.

Alcuni presupposti stanno alla base di questo libro: il fondamentale è che la pubblicazione del cosiddetto «Primo Epodo di Colonia» (d'ora in avanti l'*Epodo*) [1]/ abbia grandemente aumentato, e reso piú problematica, la nostra conoscenza di Archiloco e della sua opera. Vi sono piú che buone ragioni per ritenere certa la paternità archilochea dell'*Epodo* [2]/, e se pure piú o meno fondati dubbi sopravvivono, essi non saranno tenuti in alcun conto. Inoltre ritengo che l'*Epodo* e in generale tutta la poesia di Archiloco appartengano per collocazione cronologica e culturale al campo della cosiddetta oral poetry [3]/: ciò vale certamente per la composizione e la diffusione, e probabilmente anche per la trasmissione [4]/. Oral poetry naturalmente non intesa come semplice tecnica compositiva (o addirittura 'letteraria'), ma come istituzione culturale caratterizzante l'espressione di una società: al suo interno si collocano tutti i diversi fenomeni le cui testimonianze ci sono state tramandate (per iscritto) — epos, elegia, giambo, lirica, poesia oracolare etc. [5]/— come prodotti di quella parte dell'epoca arcaica in cui la registrazione scritta era sconosciuta, o in ogni caso inapplicata per le piú diverse ragioni, anche d'ordine pratico [6]/.

Archiloco, in quanto poeta orale, eseguiva le sue composizioni di fronte a un pubblico — da definire sotto i profili della quantità e della qualità —, parte di una società che opportunamente chiameremo tradizionale, per la quale la poesia orale (e complessivamente tutto ciò che impropriamente chiamiamo letteratura orale) non si riduceva a un «group of memorized songs, culturally peripheral to their society and sung for amusement's sake», dal momento che «an oral tradition is a highly sophisticated socio-linguistic institution that plays a central role in maintaining the continuities of the culture in which it occurs» [7]/.

Caratteristica dell'esibizione del poeta orale, vale a dire della performance, è di essere l'unica forma di pubblicazione (in senso ampio) di un canto orale: i canti esistono solo in quanto vengono cantati, e solo nel momento — sommamente sintetico — della performance essi sono parte attuale del sapere della società; qualsiasi distinzione tra aspetti formali e contenutistici diviene perciò affatto impropria e impensabile nei termini di una tradizione orale [8]. Lo stesso può dirsi di ogni usuale distinzione in generi: la parola «epodo», p.e., non dice quasi nulla sul nostro canto, la cui realizzazione complessiva è il prodotto dell'interazione fra la tradizione e altre componenti piú estemporanee quali il pubblico, l'occasione e la funzione. Solo con la definizione di tutti questi elementi è possibile fissare il genere cui il canto appartiene; ma risulta evidente che ogni canto, anzi ogni performance, va a fissarsi in un genere diverso ogni volta che si verifichi un mutamento radicale nella complessa rete di condizionamenti che lo determinano. Il concetto di genere diviene così scarsamente utile e assai poco applicabile come strumento gnoseologico, rivela i propri limiti di classificazione inventata dagli alessandrini (e preparata da Platone) come risposta alle esigenze di un sistema culturale affatto diverso da quello che è proprio dell'oral poetry [9]. Perciò, solo per ragioni di comodità espositiva e con questi limiti, la parola «genere» sarà usata nelle pagine che seguono.

0.1.
Lasciando da parte i casi — per altro noti e attestati — di canti eseguiti in assenza di pubblico, e che neppure lo presuppongono, fondamentale per la definizione del canto è, tra gli altri elementi condizionanti, la composizione e la disposizione del pubblico [10]; all'auditorio il cantore orale — produca canti epici o di altro tipo — deve sempre e immediatamente rendere conto, e l'approvazione è la condizione necessaria per non essere privato del canto [11]. J. Svenbro ricorda a questo proposito le ricerche, vecchie ormai di un secolo, di W. Radloff tra gli *Akin* dei Kara-Kirghisi: episodi e ambientazioni nella performance si modificano continuamente in rapporto

alla composizione sociale del pubblico; «l'excellence de l'*akin* consiste en sa capacité de symboliser les valeurs et les aspirations du groupe» [12]. Queste osservazioni, originariamente formulate a proposito del controllo sociale che si esercita sul cantore epico, valgono anche per qualsiasi altro cantore orale, quale sia il genere dei canti eseguiti [13]. Si può anzi affermare che il controllo si fa puntuale, stringente (e accettato) proprio per la poesia non epica dell'epoca arcaica [14]: in una situazione politica e sociale evoluta e complessa, Teognide ha saputo salvare la propria possibilità di cantare all'interno della città divisa, rivolgendo il suo canto a un solo gruppo. Gli *esthloi* sono il suo destinatario privilegiato e l'elegia svolge esclusivamente le ragioni e il punto di vista degli *esthloi* medesimi [15], mentre il poeta è perfettamente consapevole che solo gli *esthloi* possono accettare e approvare (e al limite comprendere) le sue parole. Non diversamente stanno le cose per Alceo o Saffo o Anacreonte: nella sua tesi di dottorato J.M. Bell [16] ha puntualmente indagato i rapporti esistenti fra questi poeti e il loro pubblico, e ne è risultato un quadro dove fondamentale è l'affinità tra le composizioni e i desideri, le necessità e le aspirazioni del gruppo [17].

Oggetto della ricerca sarà dunque non solo una maggiore comprensione della poesia di Archiloco, ma anche, per quanto possibile, una definizione del suo pubblico.

0.2.
Questa ricerca su Archiloco, le sue poesie e il suo pubblico ha radici e stimoli lontani e diversi.

Innanzitutto un seminario — iniziato poco dopo la pubblicazione dell'*Epodo* e protrattosi per ben due anni — guidato dal mio maestro Dario Del Corno: da quel seminario, tra l'altro, è risultata evidente la necessità di una revisione di talune opinioni generalmente diffuse intorno Archiloco e la poesia arcaica. Dopo quei mesi fervidi, Archiloco è divenuto per me un costante e quasi esclusivo argomento di studio e discussione con amici e con colleghi del mio Istituto di Filologia Classica dell'Università degli Studi di Milano, di altri Istituti e altre

Università.

Alcuni fili percorrono e segnano la trama di questi anni: il rapporto costante e fruttuoso con il prof. Del Corno, e quello piú occasionale — anche per ragioni 'geografiche' —, ma non per questo meno importante, con il prof. Bruno Gentili, sempre pronto a discutere e criticare ogni spunto e ogni idea, sempre disposto ad aiutare nei punti impervi.

E ancora il lavoro comune e l'amicizia con M.S. Jensen (e alcuni suoi colleghi, primo l'editore di questa collana I. Boserup) dell'Università di Copenaghen. Lavoro che mi ha aiutato a meglio inserire il problema della poesia archilochea nel quadro piú ampio dell'oral poetry come fenomeno diffuso — nello spazio e nel tempo — ben oltre i confini del mondo greco arcaico.

Nel maggio 1980 ho avuto l'onore di essere invitato dall'Istituto di Filologia Classica di Copenaghen a tenere un breve seminario sui temi che sono materia di questo libro. È stata un'esperienza preziosa, che mi ha costretto a correggere, e talvolta a mutare talune opinioni, e mi ha indotto a ulteriori approfondimenti. Di particolare stimolo mi sono stati i suggerimenti e le critiche, oltre che di M.S. Jensen, di M. Alenius, S. Engberg, I. Boserup, J. Christensen, M.H. Hansen e O.L. Smith. Mi rincresce di aver solo superficialmente conosciuto, in quell'occasione, Th. Breitenstein: le divergenze che ci separano sul campo archilocheo non diminuiscono affatto la stima che ho per lui e il suo lavoro.

Non mi resta che ricordare ancora quanti in vario modo mi sono stati vicini e mi hanno aiutato in questi anni: Oddone Longo, pur in un periodo drammatico della sua vita di studioso impegnato nella vita politica e nella lotta per il progresso, e gli amici e colleghi G. Arrigoni, R. Caprini, G. Giorgi, F. Conca, A. D'Agostino, G. Guidorizzi, L. Lehnus, G. Lozza, M. Negri, G. Zanetto; e infine quanti, sotto un profilo piú personale, hanno condiviso e per lo piú sofferto gli anni di questa ricerca.

NOTE ALLA PREMESSA

1) Archilocus fr.196A West. *Ed.pr.* R. Merkelbach-M.L. West, 1974. vv. 1-35. Ora il testo è stato definitivamente pubblicato, con quasi completa bibliografia e ampio apparato critico, in *Kölner Papyri* (P. Köln) B.2, bearb. von B. Kramer u. D. Hagedorn, Opladen 1978, con il numero 58, pp. 13-30: in generale a questo testo si farà riferimento in seguito (P. Köln 2,58).
Gli altri frammenti archilochei sono citati con doppia numerazione, riferentesi alle edizioni di M.L. West (*Iambi et Elegi Graeci. I*, Oxford 1971 = W) e di G. Tarditi (*Archiloco*, Roma 1968 = T).

2) A mio parere non è stata ancora fondatamente rovesciata l'opinione dei primi editori, ripresa e argomentata con chiarezza da M.L. West, *Poetica* 6, 481-5. Si veda anche Degani, «ΠΑΡΕΞ ΤΟ ΘΕΙΟΝ ΧΡΗΜΑ nel nuovo Archiloco di Colonia», *QUCC* 20, 1975, 229; e J.Van Sickle, «Introduction: I. The Problem of Autorship», *Arethusa* 9, 1976, 133-7.

3) P.e. Gentili 1972, 67s.; Page 1964.

4) Adotto la tripartizione proposta da R. Finnegan 1977, 16-24, in particolare 17.

5) Giannini 1973; W.E. McLeod, «Oral Bards at Delphi», *TAPhA* 92, 1961, 317-25: Z. Di Tillio, «Confronti formulari e lessicali tra le iscrizioni esametriche ed elegiache dal VII al V sec. a.C. e l'epos arcaico: I.Iscrizioni sepolcrali», *QUCC* 7, 1969, 45-73. M. Moranti, «Formule metriche nelle iscrizioni greche arcaiche», *QUCC* 13, 1972, 7-23.

6) Page 1964, 120ss., 144-7, 162-3; Gentili 1972, 63s. e la bibliografia ivi a n. 45 p. 63.

7) Peabody 1975, 1.

8) Peabody 1975, 168ss.; Lord 1960, 99s.: «The story in the poet-singer's mind is a story in song» (99).

9) Le recenti indagini di M.L. West (1974, cc.I [Elegy] e II [Iambus], in particolare 10-21) sull'elegia e sul giambo aiutano a comprendere — proprio attraverso l'opera di uno studioso per nulla propenso ad accettare in tutte le sue implicazioni la natura orale della poesia arcaica — che le discriminanti e i parametri che regolano queste forme poetiche non sono di natura né formale, né contenutistica, ma dipendono dalle condizioni viventi della società che diede luogo alla produzione dei canti.

10) Per performances solitarie cfr. Finnegan 1977, 215s. e ancora 241: «The effect a piece of poetry is likely to have depends not on some absolute or permanent characteristic in the text itself, but on the circumstances in which it is delivered, the position of the poet, and perhaps above all on the nature and wishes of the audience».

11) Peabody 1975, 174. Per la tesi del controllo sociale, cfr. Svenbro 1976, 16-35.

12) Svenbro 1976, 17-8.

13) Significativa mi sembra l'esperienza vissuta da Ilhan Başgöz con l'*asik* turco Sabit Müdami (1916-68), cfr.I. Başgöz, «The Tale-Singer and His Audience. An Experiment to Determine the Effect of Different Audiences on a *Hikaie* Performance», in *Folklore, Performance and Communication,* ed. by D.Ben-Amos and K.S. Goldstein, The Hague-Paris 1975, 143-203. Müdami fu invitato a esibirsi, a brevissima distanza di tempo e con lo stesso canto, di fronte al

proprio pubblico abituale (i frequentatori del caffè di Poshof) e ai notabili della cittadina riuniti nella sede della Teacher's Union. Le performances che ne risultarono furono diversissime: non solo quella tra i professori durò un'ora e un quarto meno dell'altra, ma la presenza di un auditorio poco reattivo e partecipe — per il quale insomma la tradizione orale era cosa morta — indusse Müdami a una serie di modificazioni sostanziali nel linguaggio e nella trama. Tra l'altro Müdami, che era solito presentarsi nei suoi canti come Müdami il Grasso, si sentì in dovere, di fronte ai signori, di qualificarsi come Müdami il Poeta (p. 153).

14) Per alcuni poeti arcaici non si può parlare di oralità pura e semplice: in taluni casi è abbastanza ovvio il ricorso alla scrittura durante la composizione; è però certo che la diffusione in epoca arcaica fu prevalentemente, se non del tutto, orale; cfr. Gentili 1969, 9-10.

15) Svenbro 1976, 83-93.

16) J.M. Bell, *Poet and Public in Archaic Greece*, Diss. Toronto 1973.

17) È solo apparentemente contraddittorio quanto osservato da molti antropologi, che cioè nel canto si possano esprimere cose altrimenti indicibili (perché oscene, irriverenti etc.) e si possa quasi giungere a un rovesciamento dei rapporti sociali (accuse di mogli contro i mariti, dei sottoposti contro i capi). Ciò è reso possibile, come fa notare R. Finnegan, dalle convenzioni sociali che regolano, in certi luoghi, un certo tipo di canto, eseguito in determinate occasioni. L'offesa, il riferimento malizioso, l'oscenità, l'accusa politica vengono confinati all'interno di una serie di canti, in un certo senso a essi destinati, in modo tale che la natura del medium rende accettabile l'accusa etc., pur senza abolirne l'efficacia. È probabile che in questo processo di 'sublimazione' abbiano una parte rilevante le funzioni estetiche e di intrattenimento che sono proprie dei canti. Cfr. Finnegan 1977, 22-8.
A questo proposito esiste un'usanza degli Ibo della Nigeria che rivela interessanti e forse non solo superficiali affinità con quanto sappiamo da Aristotele (fr. 558R) circa la vicenda di Telestagora di Nasso. Presso gli Ibo esistono canti che hanno il preciso scopo di offendere e costringere qualcuno a fare qualcosa. «One woman had refused to pay a fine levied on her for a false accusation. The other women went in a group to her house to sing and dance against her. The songs were explicitly obscene...and had the effect of making the offender pay her fine. So far, the aim and the effect of the songs are clear. But this was not all there was to it; sheer enjoyment was also involved, both for the partecipatory audience and for any bystanders.» (Finnegan 1977, 227). Il κῶμος dei giovani di Nasso fu una (se non l'unica) forma socialmente accettabile di opposizione politica alla crescente popolarità che il nobile Telestagora andava acquistando nell'isola. Il fatto che alla fine dei sommovimenti successivi alla spedizione contro Telestagora emerga la tirannia di Ligdami è, a mio parere, un chiaro segno della politicità dell'azione dei giovani, come pure della natura politica dei contrasti che percorrevano l'isola. Ciò non significa che ogni κῶμος fosse politico, ma solo che quel κῶμος ebbe una prevalente funzione politica.
Nagy 1979, 238-40 mostra come anche l'αἶνος esiodeo *OD* 203-12 presupponga, per conseguire la sua piena efficacia, una precisa caratterizzazione ideologica dei destinatari.

I TESTI*

*) Dei frammenti archilochei, eccezion fatta per l'*Epodo*, viene data indicazione sia secondo l'edizione di G. Tarditi, *Archiloco*, Roma 1968 (=T), sia secondo quella di M. L. West, *Iambi et Elegi Graeci I*, Oxford 1971 (=W).

1W = 1T   εἰμὶ δ'ἐγὼ θεράπων μὲν Ἐνυαλίοιο ἄνακτος
          καὶ Μουσέων ἐρατὸν δῶρον ἐπιστάμενος

2W = 2T   ἐν δορὶ μέν μοι μᾶζα μεμαγμένη, ἐν δορὶ δ' οἶνος
          Ἰσμαρικός· πίνω δ' ἐν δορὶ κεκλιμένος.

4W = 7T   φρα[
            ξεινοι.[
          δεῖπνον δ' ου[
            οὔτ' ἐμοὶ ωσαι[
          ἀλλ' ἄγε σὺν κώθωνι θοῆς διὰ σέλματα νηὸς
            φοίτα καὶ κοίλων πώματ' ἄφελκε κάδων,
          ἄγρει δ'οἶνον ἐρυθρὸν ἀπὸ τρυγός· οὐδὲ γὰρ ἡμεῖς
            νηφέμεν ἐν φυλακῆι τῆιδε δυνησόμεθα.

1W = 1T   Io sono servo del signore Enialio e conosco il dono amabile delle Muse.

2W = 2T   Sul legno (della nave) è impastato il mio pane d'orzo, sul legno il vino d'Ismaro. Bevo disteso sul legno.

4W = 7T   (v.6) forza, passa con il *kothon* fra i banchi della nave veloce, e togli i coperchi dai *kadoi* panciuti. Attingi il vin rosso fino alla feccia; poiché noi restar sobri in questa veglia non potremo.

P.Köln 2,58 vv.1-36

1   πάμπαν ἀποσχόμενος· ἶσον δὲ τολμ[
       εἰ δ' ὧν ἐπείγεαι καί σε θυμὸς ἰθύει,
       ἔστιν ἐν ἡμετέρου ἣ νῦν μέγ' ἱμείρε[ι
4   καλὴ τέρεινα παρθένος· δοκέω δέ μι[ν
       εἶδος ἄμωμον ἔχειν· τὴν δὴ σὺ ποιη[
       τοσαῦτ' ἐφώνει· τὴν δ' ἐγὼ ἀνταμει[βόμην·]
       ,,Ἀμφιμεδοῦς θύγατερ ἐσθλῆς τε καὶ [περίφρονος]
8   γυναικός, ἣν νῦν γῆ κατ' εὐρώεσσ' ἔ[χει,]
       [τ]έρψιές εἰσι θεῆς πολλαὶ νέοισιν ἀνδ[ράσιν]
       πάρεξ τὸ θεῖον χρῆμα· τῶν τις ἀρκέσε[ι.]
       [τ]αῦτα δ' ἐπ' ἡσυχίης εὖτ' ἂν μελανθη[
12   [ἐ]γώ τε καὶ σὺ σὺν θεῶι βουλεύσομεν·
       [π]είσομαι ὥς με κέλεαι· πολλόν μ'ε[
       [θρ]ιγκοῦ δ' ἔνερθε καὶ πυλέων ὑποφ[
       [μ]ή τι μέγαιρε, φίλη· σχήσω γὰρ ἐς ποη[φόρους]
16   [κ]ήπους. τὸ δὴ νῦν γνῶθι· Νεοβούλη[
       [ἄ]λλος ἀνὴρ ἐχέτω· αἰαῖ πέπειρα δὶς [τόση],
       [ἄν]θος δ' ἀπερρύηκε παρθενήιον
       [κ]αὶ χάρις ἣ πρὶν ἐπῆν· κόρον γὰρ οὐκ[
20   [ἥβ]ης δὲ μέτρ' ἔφηνε μαινόλις γυνή·
       [ἐς] κόρακας ἄπεχε· μὴ τοῦτ' ἐφοῖτ' αν[
       [ὅ]πως ἐγὼ γυναῖκα τ[ο]ιαύτην ἔχων
       [γεί]τοσι χάρμ' ἔσομαι· πολλὸν σὲ βούλο[μαι πάρος·]
24   [σὺ] μὲν γὰρ οὔτ' ἄπιστος οὔτε διπλόη,
       [ἡ δ]ὲ μάλ' ὀξυτέρη, πολλοὺς δὲ ποιεῖτα[ι
       [δέ]δοιχ' ὅπως μὴ τυφλὰ κἀλιτήμερα
       [σπ]ουδῆι ἐπειγόμενος τὼς ὥσπερ ἡ κ[ύων τέκω]''.
28   [τοσ]αῦτ' ἐφώνεον· παρθένον δ' ἐν ἄνθε[σιν]
       [τηλ]εθάεσσι λαβὼν ἔκλινα, μαλθακῆι δ[έ μιν]
       [χλαί]νηι καλύψας, αὐχέν' ἀγκάλησ' ἔχω[ν,]
       [δεί]ματι παυ[σ]αμένην τὼς ὥστε νέβρ[
32   [μηρ]ῶν τε χερσὶν ἠπίως ἐφηψάμην
       [ἧιπε]ρ ἔφαινε νέον ἥβης ἐπήλυσιν χρόα·
       [ἅπαν τ]ε σῶμα καλὸν ἀμφαφώμενος
       [λευκ]ὸν ἀφῆκα μένος ξανθῆς ἐπιψαύ[ων τριχός].

P.Köln 2,58 vv.1-36

1 «... astenendoti completamente, egualmente (*...), se dunque sei incalzato (dalla fretta) e il *thymos* ti spinge, vi è presso noi colei che ora
4 desidera grandemente (*...) fanciulla bella e tenera; penso che ella abbia apparenza irreprensibile: quella tu (*...)». Queste cose diceva, e io le rispondevo: «Figlia di Amfimedò, nobile e sag-
8 gia donna che ora la terra umida trattiene, piaceri della dea ve ne sono molti per i giovani uomini, oltre quello divino: uno fra quelli basterà.
12 Queste cose, con tranquillità quando (*...) io e tu insieme alla dea decideremo. Mi farò persuadere come tu mi esorti: molto (*...) da sotto la cornice e le porte (*...) non mi impedire cara;
16 mi dirigerò infatti verso i giardini erbosi. Ma ora sappi questo: Neobule l'abbia un altro uomo; ahimé, è appassita e ha due volte i tuoi anni, il fiore della verginità se n'è andato, e con lui
20 la grazia che prima aveva; infatti sazietà non (*...) e mostra il termine (della sua giovinezza), donna folle. Va' in malora; che non mi capiti, avendo una simile moglie, di essere oggetto del-
24 la gioia maligna dei vicini; io preferisco di molto te: tu infatti non sei né infida né doppia, mentre ella è anche troppo astuta, e molti fa (*...) e io temo, spinto dalla fretta, di generare figli ciechi
28 e nati anzitempo, cosí come la cagna». Queste cose dicevo; poi presi la fanciulla e la distesi nei fiori ben splendenti, copertala con un morbido mantello, cingendole il collo con un braccio,
32 mentre ella (*...) per la paura come una cerva; e la carezzavo dolcemente fra le natiche, proprio là dove mostrava la sua pelle fresca, incanto di

giovinezza; palpeggiando tutto quanto il suo bel corpo, emisi la mia bianca potenza, toccando il suo biondo pelo.

*) Il testo manca nel papiro o è fortemente danneggiato, e nessuna delle integrazioni proposte pare abbastanza certa o necessaria.

I: SULLO STILE FORMULARE DI ARCHILOCO

Capitolo 1: Il poeta e la città.

1.0.

Un archeologo — N.M. Kondoleon — ha definito Archiloco 'poeta della città' ('Polisdichter') [1]. Una tale definizione, pur con tutte le cautele con cui è stata avanzata, ha il merito di collocare Archiloco in un luogo reale — Paro o Taso —, la cui storia è nota anche attraverso testimonianze che non si riducono all'opera del poeta. In questo modo le sue parole — frammentate e squarciate — valgono non piú solo come il lascito di una civiltà a un'altra, la voce — o l'eco — incerta del passato che giunge fino a noi, bensí anche come concreto tramite di una comunicazione saldamente radicata in un contesto: parole di un uomo a altri uomini, sottomesse e condizionate dalle regole rigide (e indagabili) di una performance di fronte a un pubblico [2].

1.1.

Paro e Taso. L'indagine archeologica, antiquaria e epigrafica, e storica in generale, ci hanno fornito dati preziosi sull'organizzazione socio politica di queste due isole, distanti geograficamente e assai diverse tra loro, ma vicine e simili per i rapporti, eccezionalmente stretti in questo caso, che legavano madrepatria e colonia [3].

La scoperta a Taso di una iscrizione attestante la reale esistenza di Glauco figlio di Leptine (sovente menzionato nei frammenti archilochei: cfr. sotto 9.0.), come pure gli scavi effettuati nel'*Archilocheion* di Paro — da cui apprendiamo con certezza l'esistenza di un culto di Archiloco perpetuatosi nei secoli e stabilito già in epoca arcaica [4] — sono le tessere piú vistose e commoventi di un mosaico che si va parzialmente e faticosamente ricomponendo. In esso si iniziano a distinguere, oltre a quelli del poeta, anche i lineamenti di quello che potremmo definire il pubblico di Archiloco: l'insieme degli uomini e delle donne che partecipavano alle performances offerte loro, in determinate occasioni — pubbliche o private — dal cantore Archiloco. Proprio questo pubblico — mediante il suo consenso e accettazione del canto e del poeta — sanciva la possibilità di nuove performances dell'uno e dell'altro. E il consenso del pubblico di Paro verso il suo poeta fu tale e tanto durevole da dare origine a quel culto [5]/ che è probabilmente alla base della diffusione e conservazione della sua opera [6]/.

1.2.

Indagare la natura, la composizione e le motivazioni di questo pubblico è l'ambizione e lo scopo delle pagine che seguono. Indagare su ciò a partire da alcuni testi archilochei e dalle loro peculiarità, sia linguistiche sia contenutistiche, attraverso l'analisi dei molti codici che a volta a volta entrano in gioco. È questa l'unica via che a me sembra percorribile sia per conoscere meglio la reale figura di Archiloco, sia per indagare — nei limiti beninteso dell'opera di questo poeta — il sistema dei generi letterari propri della Grecia arcaica, senza cadere nei limiti e negli anacronismi di una ricerca puramente formale e acronica (e al fondo astorica). Al contrario, in una situazione nella quale la comunicazione poetica è contrassegnata da un lato dall'oralità e dall'altro dalla pragmaticità [7]/, ha senso parlare di generi solo se si privilegia, piuttosto che l'aspetto formale e contenutistico delle composizioni, la loro destinazione e l'occasione che le ha provocate. E la città — in quanto insieme di uomini che si riconoscono in una tradizione, in leggi e culti comuni — fornisce le occasioni e dà pregnanza di funzioni alla performance del poeta arcaico.

Ma la città è una generalizzazione, tanto utile quanto pericolosa. Per prima cosa occorre definire il tipo di città. Molti fattori, fisici e umani, contribuiscono a frammentare l'unità di fondo (peraltro esistente) del mondo greco, e arcaico in modo particolare; le differenze si accentuano, come è naturale, nel passare dai livelli piú profondi e strutturali a quelli piú superficiali, in cui maggiormente si riflettono i fenomeni legati alle situazioni piú momentanee delle singole aree. Per questo in uno studio della comunicazione poetica è assai difficile trasferire l'evidenza di quanto accertato in relazione a una determinata città a situazioni apparentemente simili o assimilabili, ma proprie di un'altra e diversamente organizzata città. Si tratta, d'altra parte, di un rischio che occorre talvolta affrontare, in conseguenza della scarsità o addirittura dell'assenza di dati precisi e pertinenti; ma affrontarlo con le piú grandi cautele, verificando ogni volta la natura e la quantità degli elementi di fondo — strutturali — che permettono il trasferimento delle notizie e l'accostamento delle situazioni.

1.3.
Operata — rispetto alla comunicazione poetica — questa prima distinzione *fra* le città, un'altra occorre farne *nella* città. È infatti assurdo — oltre che contraddittorio con tutte le notizie in nostro possesso — ritenere la composizione del pubblico di Archiloco costante e immutabile, o al piú scandita secondo il rigido succedersi delle forme metriche. A prescindere dall'origine e dai significati originari [8], due generi quali l'elegia e il giambo, apparentemente abbastanza unitari, rivelano al proprio interno differenze tali, sotto l'aspetto sia linguistico sia contenutistico e ideologico, e pur all'interno dell'opera di un solo poeta come Archiloco, che possono essere ascritte solo alle diverse occasioni nelle quali le singole composizioni furono eseguite, e alle differenti funzioni che esse erano chiamate a svolgere; in definitiva al pubblico al quale a volta a volta erano indirizzate [9].

1.4.
Un'indagine rivolta a determinare la composizione e le motivazioni del pubblico, quali elementi discriminanti — anche se non unici — per definire la natura o il genere di appartenenza dei singoli testi presenta difficoltà sicuramente non trascurabili. Si tratta di ripercorrere all'indietro quel processo di progressiva smaterializzazione e astrazione che i testi arcaici hanno percorso dalla loro origine fino a noi. La fissazione scritta di canti orali e la conseguente riproducibilità manuale prima e poi meccanica hanno provocato la perdita progressi-

va di tratti individuali e individuanti — qualitativi —, a favore dell'affermazione di tratti quantitativi e riproducibili. A fronte della pagina scritta, non solo il supporto originario (occasione e funzione) è divenuto indifferente, ma anche il contesto: la scrittura non può riprodurre né l'intonazione né l'attitudine del cantore; il canto mummificato sulla pagina viene offerto al lettore, solitamente solitario, in qualsiasi momento questi voglia o possa leggerlo [10]/.

Per percorrere questa strada occorre fare alcune scelte. Occorre scegliere il materiale, i testi da cui partire, e occorre formulare un'ipotesi che a partire dai testi astratti permetta di risalire quanto possibile alla loro concretezza iniziale.

1.5.

Al secondo problema una soluzione plausibile e originale è stata proposta da W. Rösler: «se, dai riferimenti impliciti nel testo al gruppo di persone cui esso si rivolge, si riuscisse ad aprire uno spiraglio sulla natura del pubblico, si potrebbe con ciò gettare luce anche sull'occasione e sul genere d'appartenenza della composizione poetica in esame»[11]/. Da queste premesse Rösler colloca con certezza il fr. 44 V. di Saffo non solo tra gli epitalami, ma tra quei particolari epitalami che venivano cantati durante il corteo attraverso la città. Ma un'indagine che proceda esclusivamente dal livello tematico[12]/ trascura un aspetto del rapporto poeta pubblico che si colloca a un livello piú profondo e precedente a quello tematico. Attraverso il linguaggio, e nell'uso di un certo linguaggio, si realizza il primo e piú elementare contatto tra poeta e pubblico e nella dizione si realizzano, o vengono deluse, le piú fondamentali attese del pubblico. È altamente significativo, insomma, che il fr. 44 V. di Saffo usi una dizione che è di fatto assimilabile, nella lingua nel metro e nella struttura, a quella impiegata nei poemi omerici[13]/. L'''omericità' dell'epitalamio saffico non è tanto una conferma, quanto un primo indizio relativo alla composizione del pubblico cui esso è destinato: si tratterà di un pubblico che avrà alcune caratteristiche comuni con quello delle performances epico-eroiche[14]/. In altre parole, nella scelta di un determinato codice linguistico (e di una determinata stilizzazione linguistica) si riflettono e sono determinanti le sollecitazioni che il controllo da parte del pubblico e la tradizione poetica esercitano sul cantore poeta. Pubblico che si è riunito per ascoltare un certo tipo di canto in una determinata occasione, e che perciò pretende che le sue attese siano rispettate. Tradizione non intesa come discendenza lineare di canto da canto o di genere da genere, ma come patrimonio concreto e collettivo di canti, già cantati o che potranno essere cantati.

Il fatto che il fr. 44 V. di Saffo riproduca la parte verbale della performance di un canto epitalamio e non di un canto di tipo epico-eroico è la causa prima delle differenze rispetto a 'Omero' e delle peculiarità della composizione saffica, tanto e forse troppo accuratamente osservate da H. Fränkel e sottolineate da Rösler[15]/.

1.6.
Si pone cosí la necessità di fissare un codice — e cioè una determinata dizione o lingua poetica — di riferimento, al quale poter paragonare gli altri codici che via via si potranno isolare. Un tale codice dovrà rispondere innanzitutto a un requisito: che siano note le occasioni — il tipo di performance — nelle quali esso viene impiegato, e la composizione del pubblico al quale queste performances venivano rivolte. A fronte della coesistenza in epoca arcaica di diversi generi poetici, ci si limita a scegliere la dizione del genere meglio noto come punto di partenza per paragonare tra loro differenti realtà e per fissarne i tratti comuni e quelli differenziali, senza perciò presupporre una qualsiasi precedenza genetica o temporale di un tipo di performance rispetto ad un'altra.

1.7.
La dizione della poesia epico-eroica (quella dei poemi omerici insomma) pare la meglio rispondente a svolgere le funzioni di codice di riferimento; e non perché Omero sia il poeta per antonomasia e le sue opere siano, fin dall'epoca classica,

alla base di ogni sistema educativo — o il loro rifiuto, come nel caso di Platone, ne costituisca uno degli elementi piú fortementi caratterizzanti. Non per ciò ma perché delle performances (o di talune fra esse) epico-eroiche sembra possibile conoscere con una buona sicurezza sia le occasioni di svolgimento, sia la composizione del pubblico.

Un famoso passo di Tucidide (III 104,3) ricorda le modalità di svolgimento della festa arcaica delle Delie, alla quale partecipavano in massa gli Ioni e gli abitanti delle isole vicino a Delo: ξύν τε γὰρ γυναιξὶ καὶ παισὶν ἐθεώρουν, ὥσπερ νῦν ἐς τὰ Ἐφέσια Ἴωνες, καὶ ἀγὼν ἐποιεῖτο αὐτόθι καὶ γυμνικὸς καὶ μουσικός, χορούς τε ἀνῆγον αἱ πόλεις.
Tucidide cita poi alcuni versi dell'*Inno omerico a Apollo* a conferma delle proprie affermazioni e conclude la digressione, bloccata in una sorta di composizione circolare, con una nuova menzione dell'antichità e dell'ampiezza della festa delia. I versi che Tucidide in parte cita, in parte parafrasa e interpreta sono tratti dal proemio delio a Apollo, un canto che costituiva l'introduzione a una performance di tipo epico-eroico [16]/. Nella lode del rapsodo verso la festa in cui s'inserisce la sua performance, si trova espresso un dato fondamentale per la definizione dei destinatari della poesia epica nel periodo arcaico: una folla indifferenziata di uomini donne e fanciulli fa da pubblico alla performance del rapsodo. Ciò significa che l'epos (e ovviamente non solo quello omerico) aveva la sua sanzione nella comunità nel suo complesso, la sua lingua era patrimonio fruibile dalla collettività intesa nel senso piú ampio.

È ovvio che non tutto il patrimonio di una certa tradizione poetica può essere contemporaneamente presente a tutti i membri di tutte le comunità arcaiche; è però quasi certo che, in aree geografiche sufficientemente estese, un certo patrimonio di canti esametrici fosse diffuso, compreso e ritrasmesso oralmente, soprattutto all'interno di istituzioni festive di massa simili a quella ricordata da Tucidide. L'esistenza di un tale patrimonio di canti presuppone a sua volta l'esistenza di un comune linguaggio poetico, una dizione che nella pratica trova la sua espressione piú notevole nell'uso delle formule, necessario supporto tematico e formale all'esistenza dei canti.

1.8.

Sembra perciò corretto assumere il linguaggio dell'epos eroico esametrico come il medium in cui — in un certo momento storico e a prescindere dalla formazione dei singoli generi [17]/— si riconosce un pubblico indifferenziato al massimo grado.

Tornando ancora una volta all'epitalamio saffico (fr.44 V.), l'omericità della dizione induce a ipotizzare un pubblico assai ampio, cui il poeta si rivolge mediante il codice piú idoneo a essere compreso e non frainteso da tutta la cittadinanza. Queste conclusioni concordano con quelle di Rösler: al canto che accompagna il corteo nuziale attraverso la città non assiste un pubblico in qualche modo selezionato, teoricamente è possibile la presenza dell'intera città (come nella scena descritta nel canto). Questa prima definizione del pubblico — indiziaria e basata sulla dizione — è preliminare dal punto di vista del metodo, e contribuisce a fondare ogni definizione successiva e piú completa. E se l'analisi tematica di Rösler porta da sola a risultati che paiono definitivi, ciò dipende dall'eccezionalità, nel frammento, dei rapporti tra il piano del mito e quello della realtà. Di norma invece tra i due piani esistono mediazioni necessariamente piú sottili di quelle che appaiono operanti nell'epitalamio: si pensi all'arditezza e alla labilità dell'aggancio alla realtà della celebrazione di tanti miti pindarici [18]/.

Se dunque accettiamo la dizione dei poemi epico-eroici come codice di riferimento, pare possibile supporre — come ipotesi di lavoro — che un linguaggio piú particolare e specializzato per arricchimento lessicale e semantico e per complicazione metrica, quale si nota p.e. nella lirica, corrisponda a una parallela specializzazione e interna coerenza del pubblico, in altre parole al suo restringimento selettivo.

La stratificazione dei generi in rapporto al pubblico potrebbe essere cosí rappresentata mediante una serie di rapporti, i cui parametri variabili sarebbero rispettivamente: *a*) ampiezza dell'auditorio, *b*) vicinanza con la dizione epico-eroica, *c*) specificità del rapporto reciproco fra cantore e auditorio. Una proporzionalità diretta legherebbe tra loro *a* e *b*, e una inversa *a* e *c*, e *b* e *c* rispettivamente: a un auditorio ampio e a una dizione di tipo omerico corrisponde un legame meno forte e piú occasionale e generico tra pubblico e cantore.

La liceità di questa schematizzazione può essere illustrata con un esempio: riducendo *a* a zero, o quanto piú vicino a zero è possibile (il cantore è pur sempre presente al suo canto), la poesia esaurisce la sua funzione comunicativa. In assenza di pubblico il poeta canta a/per se stesso, non comunica e — soprattutto in una situazione di comunicazione orale e nella prospettiva di questo studio — praticamente tace. La comunicazione cessa di esistere proprio al punto in cui sembra possibile esprimersi in un linguaggio non sanzionato e accettato [19]/. Cosí si spiega, p.e., la tendenza alla a-semanticità delle ninne-nanne per i bambini piú piccoli: in una situazione in cui la comunicazione verbale con l'auditorio è nulla (o quasi), le parole si liberano da qualsiasi vincolo e convenzione; la ninna-nanna non *dice* nulla, il suo livello verbale tende ad adeguarsi e assimilarsi allo svolgimento musicale. Volendo proseguire nell'esempio — che prescinde naturalmente da ogni riferimento specifico alla Grecia arcaica — potremmo osservare che la tendenza (normale e auspicabile) di *c* verso valori altissimi genera sovente una sorta di linguaggio, fatto di suoni elementari e di parole storpiate e/o insensate, comprensibile (pur con notevoli margini di rischio) solo alla madre e al figlio [20]/.

1.9.

Non c'è dubbio che ponendo l'accento soprattutto sul rapporto tra dizione poetica e composizione dell'auditorio si tende inevitabilmente a semplificare il panorama dei vari tipi di performances proprie della Grecia arcaica. Dalla classificazione tendono a sfuggire quei componimenti nei quali il rapporto tra emittente e ricevente è mediato da un committente (destinatario privilegiato) e da una esecuzione resa complessa dal canto unisono di piú esecutori e dalla danza, come è il caso della poesia corale. Né ancora si spiega come quando e perché un determinato canto orale sia stato registrato mediante la scrittura, e quali effetti abbia avuto il processo di registrazione (cfr. qui sotto 3.3.).

D'altra parte la verifica dell'ipotesi proposta avvia a soluzione quel contrasto tra sincronia e diacronia che in molti casi ritorna come elemento condizionante nei nostri studi. Permette di riconoscere nella poesia arcaica uno sviluppo e una evoluzione non sottomessi a alcuna concezione lineare e progressiva dei fenomeni poetici e delle società che con essi si esprimono. E ciò mi pare tanto piú necessario dal momento che nulla assicura che la registrazione scritta (cioè il testo che noi possediamo) sia contemporanea all'apparire e al formarsi dei canti, che proprio per questo devono essere considerati assai piú il risultato di una tradizione che la creazione di un singolo genio poetico.

In questo quadro si giustifica anche la scelta di alcuni frammenti elegiaci quale punto di partenza di questo studio. Essa non è casuale, ma dipende sia dall'estrema flessibilità della forma elegiaca a contenuti e destinazioni assai diversi, sia dal fatto che — da un punto di vista metrico [21]/— l'elegia si colloca assai prossima all'epos esametrico, e perciò in essa possono riflettersi con piú palese evidenza talune caratteristiche — la formularità soprattutto — che all'epos sono proprie.

L'allontanamento della dizione elegiaca da quella formulare dell'epos è perciò non un obbligo, ma una scelta [22]/ i cui motivi occorre indagare.

Un'ultima avvertenza: quando si parlerà di «forme estranee all'epos» (o simili), andrà sempre sottinteso che l'estraneità è tale rispetto allo stato delle nostre conoscenze. Noi infatti possediamo solo una piccola parte del patrimonio della poesia epica esametrica — eroica o di altro tipo — e questo non permette di distinguere con assoluta certezza ciò che appartiene al livello epico della lingua poetica tradizionale, da ciò che non vi appartiene [23]/. È questo un limite oggettivo e insuperabile. Esso può solo essere reso inefficace dalla ragionevole supposizione che l'insieme dei poemi e delle composizioni omerici, esiodei etc. offra un panorama sufficientemente esaustivo delle possibilità e capacità espressive dell'epos esametrico.

Capitolo 2: Soldato e poeta

2.0.

Il fr. 1W = 1T di Archiloco consta di un solo distico, nel quale l'io parlante esprime la propria duplice condizione di soldato e di poeta. L'esametro presenta regolarmente tre incisioni, 21g, 3tr, 5tr; i rapporti con la lingua tradizionale dell'epos sono assai stretti, il verso richiama infatti alcune ben note formule, opportunamente adattate [24]; in particolare due nessi sono sempre ricordati: uno omerico (ζ 196) εἰμὶ δ'ἐγὼ θυγάτηρ μεγαλήτορος Ἀλκινόοιο l'altro proveniente dallo *Scudo* pseudo esiodeo (371): παῖς τε Διὸς μεγάλου καὶ Ἐνυαλίοιο ἄνακτος. Ma l'esametro archilocheo non risulta dal meccanico accostamento degli elementi formulari che la tradizione metteva a disposizione del poeta. Infatti il nesso odissiaco — come pure quelli simili — sembra essere più che altro una formula di affermazione semplice con una prima parte, corrispondente al primo colon, di uso amplissimo e indifferenziato. L'espressione formulare si conclude (in pos. 5) con la definizione del soggetto parlante: elemento evidentemente variabile. Il fatto che θεράπων abbia la stessa struttura prosodica e un uguale suono iniziale rispetto al θυγάτηρ omerico, proveniente da un contesto quasi sicuramente noto a Archiloco [25], è sintomatica spia dei meccanismi di composizione e rimemorazione del poeta arcaico [26]. Occorre inoltre osservare che l'espressione omerica si conclude dopo la terza lunga: l'incisione archilochea trova invece posto dopo un'altra mora, nel rispetto di un uso quasi costante nell'elegia [27]. A questo scopo Archiloco ricorre alla particella μέν, fonte di quasi infinite discussioni tra i critici moderni. Lo spostamento dell'incisione permette l'immediato inserimento della formula Ἐνυαλίοιο ἄνακτος che conclude il verso occupando interamente due cola.

2.1.

Meno riconoscibile è la natura formulare del pentametro; un

solo nesso tradizionale pare avvicinabile al testo archilocheo, Γ 64 μή μοι δῶρ'ἐρατὰ πρόφερε χρυσέης 'Αφροδίτης. Egualmente importanti sono la connessione tra sostantivo e aggettivo e la posizione (5) occupata dall'aggettivo stesso, posizione identica a quella che ἐρατόν occupa in Archiloco. Tradizionale è pure la collocazione di δῶρον in apertura di hemiepes. 'Επιστάμενος a conclusione del secondo hemiepes e in posizione 5 rientra anch'esso nella tradizione, per quanto in Omero non compaia al nominativo, bensí al genitivo (ξ 359) e dativo singolare (ν 313, ψ 185), o piú usualmente sotto forma di avverbio (Κ 265, ε 245, ρ 341 etc.; cfr. anche sotto II 2.1.)

2.2.
Nuovi problemi si pongono appena si passi dalla descrizione all'esame degli elementi che compongono il distico. L'esatto valore del δέ iniziale resta in ogni caso oscuro: anche un'indagine sulla funzione svolta nell'epica da formule di affermazione simili a quella archilochea non può portare a risultati univoci. In effetti l'uso epico pare preferenzialmente attribuire un preciso valore continuativo al δέ [28]/. Ciò vale per ζ 196, *h.Bacch.*56, *h.Cer.*268, *h.Ap.*480, *Batr.*17: per lo piú a una serie di affermazioni, minacce o promesse segue l'affermazione esplicita della propria identità, che conferma e motiva quanto prima detto. In Archiloco però, come si vedrà in seguito, l'uso di espressioni epiche non è strettamente legato al mantenimento del significato usuale al nesso nell'epos; di conseguenza non sembra possibile escludere che questo δέ [29]/, come supposto da alcuni, possa avere un valore incettivo, e che perciò il distico potesse collocarsi al principio di una composizione.

Piú importanti e decisivi per la comprensione del frammento sembrano la funzione e il significato attribuiti alla particella μέν; inserito in una tradizione che conosce nessi formulari di affermazione in prima persona come quelli già ricordati (εἰμὶ δ'ἐγὼ + Ν [υ υ — oppure υ υ — υ]), Archiloco ha da un lato evitato l'incisione principale dell'esametro dopo il primo hemiepes, dall'altro facilitato la connessione con il secondo emistichio ('Ενυαλίοιο ἄνακτος) mediante appunto l'introduzione di questo μέν che, drammaticamente necessario sul piano formale, è pure fondamentale su quello espressivo.

L'introduzione di μέν in incisione — e perciò prima di una pausa — enfatizza e reduplica il sistema delle attese generate a partire da θεράπων. Alla prima attesa di una ulteriore qualificazione — 'servo' di chi? — se ne aggiunge un'altra che a questa sarà connessa: per opposizione (e è questa l'attesa che possiamo definire dominante) o per contiguità. Risolta la prima attesa («servo del signore Enialio»), spetta al pentametro dare la soluzione alla seconda: ciò avviene nel pieno rispetto della tradizione epica, e tuttavia in modo ambiguo e elusivo. L'ambiguità è implicita nel testo, nella scelta che rende inattiva l'attesa dominante e che — sfruttando un particolare livello significativo di μέν — lo connette con καί posto a apertura del pentametro; a una opposizione si sostituisce una sorta di *klimax* enfatica, nella quale però le differenze tra le due funzioni (di poeta e di soldato) che l'io parlante si attribuisce non si annullano, ma risultano egualmente evidenti: la loro apparente contiguità, per quanto sottolineata dal parallelismo che pare dominante nell'espressione, è al fondo elusa e rovesciata in una nuova contrapposizione che vedremo [30]/.

Riprendiamo in esame il nesso μέν...καί: gli esempi omerici — riportati e analizzati in K. - G. II 271, 5ss. — formano il panorama tradizionale nel quale si inserisce il nesso archilocheo [31]/: in Omero però gli elementi così legati si collocano in un rapporto reciproco di contiguità o al piú — come in I 53s. Τυδεΐδη, πέρι μὲν πολέμῳ ἔνι καρτερός ἐσσι, / καὶ βουλῇ μετὰ πάντας ὁμήλικας ἔπλευ ἄριστος, parole di Nestore a Diomede — in una *klimax* ascendente che ha il preciso scopo di negare una possibile contrapposizione tra gli elementi. Una simile organizzazione dell'espressione si manifesta a prima vista anche in Archiloco, e viene apparentemente confermata da un certo parallelismo dell'insieme: alla qualificazione iniziale (εἰμὶ δ'ἐγὼ κτλ.) corrisponde quella finale (ἐπιστάμενος *scil.* εἰμί); in una eguale corrispondenza (a chiusura e apertura del verso) si trovano i referenti divini (e sono entrambi al genitivo) delle

diverse attività e capacità dell'io parlante.
Che tale parallelismo fosse fortemente sentito, testimonia l'errore antico che voleva l'aggettivo ἐρατός connesso non con δῶρον bensì con Μουσέων. Ma tutti questi parallelismi resistono poco all'analisi: a differenza di quanto avviene nei versi omerici — ove p.e. καρτερός ἐσσι   ἔπλευ ἄριστος — ben diversi sono i valori espressivi coinvolti da εἰμὶ δ'ἐγὼ θηράπων e ἐπιστάμενος e ben diversi sono tra loro i due genitivi Ἐνυαλίοιο ἄνακτος e Μουσέων. Ἐνυαλίοιο ἄνακτος è genitivo oggettivo, ed è perciò l'approdo immediato di una attività (θεραπεύειν): in modo diretto il dio è padrone del soggetto parlante in quanto soldato. Ἐπιστάμενος denota un sapere che in vari modi e a vari gradi insiste sull'esperienza (cfr. LSJ s.v.) che concretamente viene messa a profitto. Il referente divino di questo sapere viene espresso mediante un genitivo soggettivo — il segnale piú evidente della nuova opposizione che si sviluppa — che richiede un termine qualsiasi di mediazione per legarsi con il soggetto. Ἐρατὸν δῶρον è proprio il termine di mediazione tra il soggetto che conosce e le Muse che danno (cfr. θ 63 s.). Formalmente questa funzione mediatrice e connettiva è sottolineata dalla distribuzione speculare del nesso ἐρατὸν δῶρον tra i due hemiepe. Ma nell'enunciato del pentametro si nasconde la chiara formulazione di una poetica: l'"amabile dono', che il poeta 'conosce' e le Muse 'danno', è il patrimonio poetico tradizionale, la lingua, intesa come organico insieme di formule verbali e tematiche, che l'aedo conosce e ogni volta rinnova nel canto.
Nel pieno rispetto della lingua tradizionale dell'epos, e perciò al livello della ricezione e comprensione piú ampie, Archiloco afferma la sostanziale differenza degli elementi che intervengono a formare la sua vita, e soprattutto afferma la natura sociale della sua attività poetica; natura sociale simbolicamente rappresentata dal dono amabile, concesso e controllato sul piano divino dalle Muse.

2.3.
Ma il sostanziale adeguamento di Archiloco ai modi e alla

lingua del medium epico non fa sí che la sua posizione, quale egli la definisce nel distico, possa essere in tutto assimilata a quella del cantore epico. Anzi proprio le scelte che egli opera, come abbiamo appena visto, nella simbolizzazione delle proprie attività inducono a ritenere esattamente il contrario.

Θεράπων 'Ενυαλίοιο e Μουσέων ἐρατὸν δῶρον ἐπιστάμενος costituiscono le estremità di un sistema complesso, al cui interno vengono definiti sia il poeta sia il soldato (e non solo essi, ma a essi ci limitiamo).

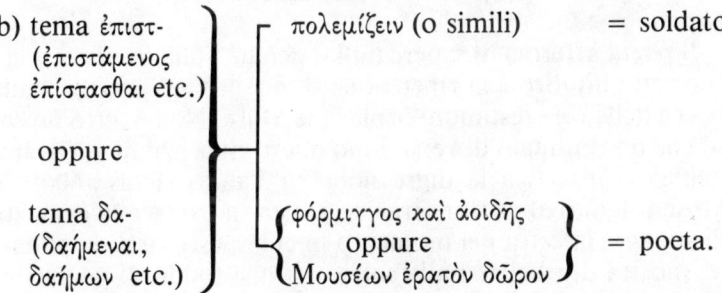

Le due formulazioni non sono intercambiabili, e l'uso dell'una piuttosto che dell'altra è strettamente connesso alla posizione che il soldato, ma soprattutto il poeta, assumono nel momento della performance, nei riguardi del contesto sociale in cui sono inseriti.

Θεράπων + genitivo denota una totale, unilaterale e cosciente sottomissione del soggetto nei riguardi del dio, la sua vita — in quanto soldato — è possibile nei limiti che sono imposti dalla volontà terribile di Ares [32]/.

Un riflesso della sottomissione che un dio esige dal proprio θεράπων si trova nell'*Inno omerico a Apollo*: il dio, trasformato in delfino, balza sulla nave dei mercanti cretesi οἳ θεραπεύσονται Πυθοῖ ἔνι πετρηέσσῃ (390); da questo momento la loro volontà viene totalmente cancellata. Qualsiasi atto o tentativo di comunicare col dio da parte dei futuri θεράποντες, per tutta la durata della navigazione-iniziazione, viene bruscamente represso da Apollo, che non sopporta neppure una elementare forma di scambio fisico quale l'essere guardato[33]/.

Per quanto riguarda piú precisamente il poeta, θεράπων delle Muse è non solo Esiodo (*Th*. 100), ma anche Omero: un rapporto di totale sottomissione alle Muse è alla base dell'invocazione che precede il difficile cimento della recitazione del *Catalogo* (B 484-6):

> Ἔσπετε νῦν μοι, Μοῦσαι Ὀλύμπια δώματ' ἔχουσαι
> ὑμεῖς γὰρ θεαί ἐστε, πάρεστέ τε, ἴστέ τε πάντα,
> ἡμεῖς δὲ κλέος οἶον ἀκούομεν οὐδέ τι ἴδμεν.

Il poeta afferma di sapere nulla, perché nulla ha visto, e ciò che egli può dire è la ripetizione di quanto egli ascolta dalla bocca delle vere testimoni oculari, le Muse. Non è certo un caso che un centinaio di versi dopo quest'invocazione programmatica si inserisca la digressione su Tamiri (B 594-600): le Muse tolgono al cantore tracio la vista, il canto e la capacità di suonare la cetra nel momento in cui questi, osando sfidarle, mostra di ribellarsi alla sottomissione totale. Il poeta rinnova qui la propria sottomissione e insieme la propria riconoscenza alle Muse.

2.4.
Vi è dunque continuità nella definizione, o meglio autodefinizione, del cantore epico (Omero e Esiodo) e di Archiloco in quanto soldato. Fino a questo punto essi si collocano in una medesima posizione nei riguardi della collettività. La serie si interrompe però nel momento in cui Archiloco definisce la propria posizione nei riguardi del pubblico in quanto poeta. Egli utilizza allora il secondo modo di simbolizzazione che, come si è detto, piú che sulla dipendenza dal dio preposto all'attività in questione, pone l'accento sul patrimonio di esperienze necessario per esercitare convenientemente quella attività. Archiloco è Μουσέων ἐρατὸν δῶρον ἐπιστάμενος cosí co-

me, sempre in un contesto elegiaco, i signori dell'Eubea sono ταύτης...δαήμονες...μάχης (fr. 3,4W = 3,4T); similmente nessi quali πολέμοιο δαήμεναι (Φ 487) oppure ἐπιστάμεθα πτολεμίζειν (Ν 223, ma cfr. anche Ν 238, Β 611, Π 243) introducono non solo una definizione in cui elementi fondamentali sono le capacità e l'esperienza del soggetto, ma anche un implicito paragone o rapporto con qualcuno che in quel momento si colloca sul medesimo piano. In Π 243 il paragone implicito è duplice: nel momento in cui Patroclo cessa di essere θεράπων di Achille [34]/ per divenire θεράπων solo di Ares, nelle parole di Achille l'accento cade proprio sulla ἐπιστήμη guerriera di Patroclo, paragonata a quella di Ettore e di Achille stesso.

Nell'*Odissea* il protagonista è per due volte paragonato a un aedo, in contesti in cui ricorre il tema ἐπιστ-, e dove ancora una volta è evidente la sottolineatura delle capacità tecniche di Odisseo (e è implicita l'apologia del cantore). In λ 367ss. Alcinoo loda Odisseo per aver narrato il proprio μῦθος (368) ὡς ὅτ'ἀοιδὸς ἐπισταμένως, e l'ἐπιστήμη è il legame che unisce Odisseo all'aedo. In φ 406 la minuziosa preparazione tecnica alla prova di forza della tensione dell'arco è enfatizzata da un paragone — una chiara anticipazione di ciò che segue — che sottolinea l'analogia tra i movimenti di Odisseo e quelli dell'aedo nei momenti precedenti l'inizio del canto [35]/.

2.5.
Questa particolare simbolizzazione dell'essere poeta — segnata dal ricorrere dei temi ἐπιστ-, δα- (e anche οἰδ-/ἰδ-) — è massicciamente impiegata nella sezione dell'*Inno omerico a Ermes* incentrata sullo scambio della lira tra Ermes e Apollo. Le analogie e i possibili rapporti tra l'*Inno*, la biografia archilochea riportata nell'iscrizione di Mnesiepe (*SEG*. 15.517 = Test. 4T) e il fr. 1W = 1T sono già state messe in luce e studiate da molti, a cominciare da Kondoleon, primo editore dell'iscrizione paria [36]/; si è trattato però sempre — se non m'inganno — di un'analisi per cosí dire binaria, attraverso la quale si tentava di comprendere meglio l'origine e il contenuto del racconto biografico attraverso, a volta a volta, il fram-

mento elegiaco o il racconto dell'*Inno* — oltre che naturalmente attraverso la simile avventura vissuta da Esiodo e riportata nella *Teogonia*. Credo invece che la lettura sincronica dei tre testi, con i reciproci riflessi che ne derivano, aiuti a portare alla luce una sorta di sistema ideologico complessivo del cantore.

Vanno fatte alcune premesse:

a) nel fr. 1W = 1T noi riteniamo che la persona parlante sia Archiloco, e che la autopresentazione sia reale e non fittizia;

b) noi non sappiamo esattamente quali furono le fonti delle notizie biografiche contenute nell'epigrafe; l'esistenza di un culto arcaico dedicato a Archiloco non riduce le possibilità che molte notizie siano autoschediasmi, anche molto antichi, tratti dall'opera del poeta;

c) nell'*Inno a Ermes* esiste una continua trasgressione del cantore, che fonde e talvolta confonde due piani, quello del proprio e quello dell'altrui (di Ermes e di Apollo) canto. Questa (con)fusione si realizza in molti modi e per alcune ragioni fondamentali:

1) il cantore non rappresenta se stesso o qualcuno che gli sia immediatamente paragonabile, ma due dei che si esercitano con la lira; dunque non si tratta di una riflessione sulla propria attività nei termini in cui realmente si svolge, ma questa è trasportata al livello divino, dove tra l'altro (p.e.) la mediazione delle Muse non è necessaria: appena nato Ermes prodigiosamente canta le vicende che precedono la propria nascita (57-9); nel seguito dell'*Inno* tuttavia appare rispettato lo schema tradizionale — cui è sottomesso il cantore — dell'appartenenza alla Musa (429-30):

Μνημοσύνην μὲν πρῶτα θεῶν ἐγέραιρεν ἀοιδῇ
μητέρα Μουσάων, ἡ γὰρ λάχε Μαιάδος υἱόν·

Ma alla realizzazione di questo schema — usuale, ma fuori luogo in questo contesto — quanto non ha contribuito il verso immediatamente precedente (428: ὡς τὰ

πρῶτα γένοντο καὶ ὡς λάχε μοῖραν ἕκαστος), due elementi fondamentali del quale appaiono ridistribuiti proprio tra i vv. 429-30?
2) le performances di cui sono protagonisti i due dei non sono né simili né assimilabili a quelle di cui è protagonista il rapsodo: la lira infatti è nell'*Inno* continuamente associata al banchetto (55-6), alle feste dei giovani (454), alla danza, ancora al banchetto e al κῶμος (481-2), mentre è distinta — da Apollo (450-2) — dai cori, dalla poesia epica [37]/ e dalle melodie dei flauti. Le performances degli dei sono dunque accostate a quelle — citarodiche e per lo piú conviviali e simposiali — di Femio e Demodoco, piuttosto che a quelle — recitate e agonali — dei cantori epici; e sono pure accostate alle performances dei canti brevi di natura giambica, proprie dei simposi e dei κῶμοι.

Avanzate queste premesse, necessarie soprattutto per un uso corretto dell'*Inno*, va detto che nelle battute e nella narrazione interposta relative allo scambio della lira tra Ermes e Apollo, nell'iniziazione insomma del secondo da parte del primo all'arte del canto lirico, il riferimento all'esperienza e alla conoscenza è continuo e quasi ossessivo.

Inizia Apollo affermando che il nuovo canto che egli ode, nessuno degli uomini e degli dei l'ha mai conosciuto (444: δαήμεναι). Questo primo accenno alla capacità tecnica di Ermes cantore si inserisce in un contesto in cui la lira è definita δῶρον ἀγαυόν (442), e le componenti del canto vengono analiticamente enunciate dal dio (447-8): la τέχνη del cantore, la Μοῦσα ispiratrice, il τρίβος (≃ οἴμη), ovvero la tematica tradizionale.

L'accenno di Apollo viene ripreso e svolto fino in fondo da Ermes: egli non impedirà di percorrere il cammino della propria τέχνη (465: τέχνης ἡμετέρης ἐπιβήμεναι) al fratello, che subito conoscerà (466), egli che nella sua mente già tutto bene conosce (467). Fin qui il tema della conoscenza è retto da forme di εἰδέναι, che a questo punto cede il passo a forme di δαῆναι (471, 473, 474, 483, 489), di ἐπίστασθαι (479) riferite sia a Apollo sia a Ermes, e a una forma di διδάσκειν (484) riferita alla lira, o meglio alle sue funzioni, qualora essa venga toccata da chi conosce l'arte di farlo (483: τέχνῃ καὶ σοφίῃ δεδαημένος). Incontro al fallimento andrà invece chi tenterà di maneggiarla essendo inesperto (487: νῆϊς ἐών [38]/): in questo caso lo strumento emetterà suoni confusi (488).

Nella lezione che Ermes impartisce a Apollo, un particolare è notevole: la lira non produce musica ma canto. Se in taluni casi musica e canto sembrano procedere di pari passo (p.e. 425-6) e appare chiara l'inscindibilità delle due cose (442), va tuttavia rilevato che: a) non esiste alcun cenno di una performance solo musicale; b) sul canto si misurano le differenti capacità del buono e cattivo citarista, e il canto stesso appare dipendere direttamente dal buono o cattivo uso dello strumento (482-8).

2.6.

L'importanza che l'*Inno* attribuisce allo strumento musicale, condizione necessaria e quasi produttore del canto, è caratteristica anche di altre culture orali: Lord fornisce numerosi esempi ricavati dalle parole o dai comportamenti dei cantori jugoslavi. Stjepan Majstorovic, un cantore cieco, non si separava mai dalla sua *gusle*, nel timore che qualcuno gliela potesse manomettere [39]/; un altro — narrando il proprio apprendistato — sottolinea come il cantore non possa essere considerato tale prima di aver appreso a padroneggiare la *gusle* [40]/. Ma la piú chiara affermazione del nesso strettissimo esistente tra lo strumento e il canto si trova in una dichiarazione di Sulejman Makić, uno dei migliori e piú intelligenti cantori incontrati da Parry: Sulejman afferma di essere in grado di ripetere parola per parola un canto udito una sola volta, sempre che egli lo abbia udito eseguito con la *gusle* [41]/.

Tutto ciò conduce a riconsiderare l'importanza e la funzione della lira proprio in rapporto all'affermazione archilochea della propria perizia tecnica nel canto; conduce a considerare se in ἐρατὸν δῶρον non possano, per cosí dire, coagularsi due diversi significati, il secondo dei quali convive col primo — tradizione poetica — già enucleato.

L'incontro tra il poeta e le Muse — riferito nell'iscrizione di Mnesiepe (*SEG* 15,517 = Test. 4T, E_1, II 22-43) si conclude con lo scambio della vacca di Archiloco (meglio, di suo padre che dapprima pare per nulla contento di averci rimesso la bestia) con la lira lasciata dalle Muse. Lo scambio fa seguito a un botta e risposta tra Archiloco e le Muse che ben si addice alla natura giambica e aggressiva della sua produzione. Ma si tratta, al fondo, di un vero scambio? L'epigrafe afferma che le Muse scomparvero τὴν λύραν αὐτῷ δωρησαμένας (E_1, II 38), la lira stessa è quindi presentata come un δῶρον; similmente nell'*Inno* lo scambio tra Ermes e Apollo è solamente apparente: il contraccambio offerto da Apollo è espresso mediante la formula δώσω τ'ἀγλαὰ δῶρα (462), e lo strumento stesso è δῶρον ἀγαυόν (442). In realtà ciò che a noi sembra scambio è dono reciproco che, lungi dall'essere finalizzato al profitto, è un segno di distinzione e onore, e al tempo stesso supporto di un sistema di alleanze e obblighi reciproci [42]/. E ancora: l'epiteto ἐρατός (e quelli simili) viene sempre attribuito nell'*Inno* agli elementi che appaiono intercambiabili e assimilati: il canto (421, 426), la lira (52, 153) e il risultato dell'uso appropriato della lira (423, 455).

È dunque possibile trarre una prima conclusione: pur senza ipotizzare una connessione diretta tra il frammento elegiaco e il testo epigrafico, tuttavia mi pare possibile che ἐρατὸν δῶρον sia anche lo strumento, dono appunto delle Muse, la cui perfetta padronanza permette a Archiloco di cantare.

2.7.

In questa affermazione del proprio essere poeta, al tempo stesso laica e non dimentica dell'origine divina del canto, risiede la caratterizzazione distintiva, per modalità e attitudine del cantore verso il pubblico, della performance in atto.

L'ampiezza del pubblico e la solennità dell'occasione sono garantite dallo stile e dal linguaggio: in questo senso siamo di fronte a una performance elegiaca che ha alcune caratteristiche comuni con quelle epiche.

Questa prima conclusione, ancora generica e imprecisa, e che utilizza solo alcuni dei dati che l'analisi ha fornito, pone il problema dei generi poetici — tipi di performance — affrontati da Archiloco nella sua attività di cantore. In tempi recenti J.A. Notopoulos e Th. Breitenstein [43]/ sono giunti a affermare che Archiloco fu anche un cantore epico (di tipo omerico), e che a questa sua attività piú 'alta' si deve la venerazione e la conservazione della sua memoria a Paro e a Delfi [44]/. La conclusione è, a mio avviso, in sé contraddittoria: se la memoria della fama di Archiloco presso le generazioni seguenti dipese largamente dalla sua attività di poeta epico, non si capisce come mai non un solo verso sicuramente o possibilmente 'epico' sia stato tramandato dalla tradizione; e non soltanto dalla tradizione dotta e scolastica — per cui si vedano le osservazioni di Breitenstein (*l.c.*) —, ma soprattutto da quella epicorica che si esprime nelle epigrafi parie.

Altrettanto contraddittorie, o almeno non decisive, sono le prove addotte a sostegno della supposta attività 'aedica' di Archiloco.

La prova apparentemente piú sicura, e certo piú imbarazzante anche per l'autorità della fonte, è un passo dello *Ione* platonico (531a - 532a) in cui Socrate contrappone, precisando un generico ἄλλοι ποιηταί, Esiodo e Archiloco a Omero. Vi è innanzitutto da rilevare che nel passo platonico non si fa alcun cenno a una caratterizzazione metrica o 'generica' dei tre poeti, e anche l'elenco dei temi trattati in comune da Omero e dagli ἄλλοι ποιηταί non contiene altro che i «traditional themes of oral poetry» [45]/, ma — precisiamo — della poesia orale in generale e non solo di quella epica. D'altra parte l'associazione di quelli che appaiono i tre piú antichi poeti di cui siano conosciute le opere [46]/ sembra un fatto ricorrente e normale; ritorna p.e. in Ateneo che riferisce l'affermazione di Cameleonte, secondo il quale Stesicoro avrebbe musicato le composizioni non solo di Omero, ma anche di Esiodo e di Archiloco (Chamael. fr.28W *ap*. Ath. 14, 12, 620c = Test. 32T). Ciò significa che esistevano composizioni di Archiloco fatte per la recitazione, e non altro.

Valore probante viene assegnato da Breitenstein anche a un passo di Dione Crisostomo (*Or*. 55,6 = Test. 53T): il fatto però che Omero abbia sempre usato lo stesso metro, e che Archiloco ne abbia usati per lo piú altri — è questa la corretta interpretazione del passo, secondo la proposta dello studioso danese [47]/— non permette di dedurre logicamente che Archiloco abbia necessariamente usato il metro di Omero in composizioni epiche, mentre è certo che l'esametro compare nelle elegie e talvolta negli epodi.

Un'altra prova risiederebbe nell'epigramma di Teocrito 21 Gow (=Test. 178T): il v.6 ἔπεά τε ποιεῖν πρὸς λύραν τ'ἀείδειν conterrebbe riferimenti alle composizioni epiche e liriche di Archiloco; parola chiave per questa interpretazione sarebbe ἔπεα, che sovente designa le composizioni epiche.

Il significato e gli usi di ἔπος/ἔπη sono stati indagati da H. Koller [48]/, e dal suo studio risulta chiaro che ἔπη può essere usato nel senso di 'composizioni epiche', ma è altresí chiaro che tale senso non può essere sicuramente predetto né per un singolo autore, né per una singola epoca.

Credo piuttosto che occorra esaminare l'epigramma teocriteo nel suo complesso, invece che limitarsi, come fanno Notopoulos e Breitenstein, all'esegesi degli ultimi due versi.

L'epigramma consta di sei versi, e già nella struttura metrica è un palese omaggio a Archiloco [49]/: a un archilocheo — un asinarteto con una prima parte dattilica — seguono un trimetro giambico acatalettico e un altro catalettico; una struttura epodica in cui a un archilocheo segue un trimetro catalettico è ben testimoniata in Archiloco e trova ulteriore conferma nel secondo Epodo di Colonia [50]/.

Lo schema tristico scandisce la composizione anche da un punto di vista logico: a una prima parte nella quale viene presentato il poeta e ne viene proclamata la fama in tutta la sua ampiezza (1-3), segue una seconda dedicata a spiegare le ragioni della grandezza appena proclamata e a motivare l'invito iniziale a fermarsi e guardare (4-6). Per Teocrito dunque: a) Archiloco è il poeta dei giambi: è questa la sua designazione ufficiale, probabilmente legata alla tendenza alessandrina — opportunamente ricordata da Breitenstein, ma altresí da lui stesso contraddetta [51]/— a rinchiudere la fama e l'eccellenza di un poeta all'interno di un singolo genere letterario; b) la grandezza di Archiloco deriva dalla particolare predilezione che per lui ebbero Apollo e le Muse [52]/. Questo favore divino non si esercita solo su una parte dell'opera di Archiloco, bensí su tutta; perciò anche nella seconda parte dell'epigramma, dedicata appunto al rapporto tra Archiloco e le sue divinità protettrici, ci dovrà essere una definizione della produzione archilochea nel suo complesso.

Questa è espressa al v.6, ma non con una distinzione tra poesia epica e melica (da cui resta escluso, tra l'altro, tutto quanto di Archiloco è giunto sino a noi), bensí con una formulazione nella quale si riflette la partecipazione delle Muse e di Apollo (Musagete) all'ispirazione archilochea. Si pensi a A 603-4: la musica è affidata a Apollo, mentre il canto spetta alle Muse. Il v.6 costituisce perciò una sorta di endiadi, in cui un'azione sostanzialmente unica — il fare poesia — viene descritta da due diverse prospettive.

Restano, a sostegno dell''Archiloco epico', alcune testimonianze secondo cui Archiloco avrebbe trattato taluni soggetti mitici, talvolta tratti anche da Omero[53]/: si tratta, fra tutte, della prova piú debole. Le fonti — alcuni scolii, Plutarco (*De malignitate Herodoti* 14. 857F), G. Malala (*Chronicon* 4, p.68 Dindorf) — non fanno alcun riferimento al tipo di composizione in cui erano narrate, accennate o alluse (non possiamo decidere) queste storie mitiche. Appare molto probabile che di esempi mitici si trattasse, e non di storie autonome[54]/, esattamente come avviene per il supplizio di Tantalo, ricordato in una composizione tetrametrica di argomento politico-militare legato all'attualità (fr. 91W = 89T).

2.8.

Archiloco dunque non fu un cantore epico — con la responsabilità 'politica' che la performance epica comportava in determinate occasioni — o almeno è impossibile dimostrare che lo fu.

D'altra parte dall'analisi del fr. 1W = 1T abbiamo ricavato indizi sia di un impegno del poeta verso il pubblico, sia della composizione del pubblico stesso, paragonabili l'uno all'impegno richiesto al cantore epico e l'altra alla composizione dell'auditorio di una performance epica; ma l'accento posto da Archiloco sulla propria ἐπιστήμη, contemporaneo all'enunciazione della tradizionale dipendenza dalle Muse, sottolinea a mio avviso la coscienza della particolare caratterizzazione della performance, simile e paragonabile, ma anche diversa da quella epica. Occorre chiedersi quali occasioni e quali contenuti potesse avere un canto di tale genere.

Ad Archiloco sono attribuite dalla tradizione alcune composizioni legate al culto, un *Inno a Demetra* e un *Inno a Eracle* in particolare: dubbi sulla loro autenticità furono già espressi in antico, e anche gli studiosi moderni sono divisi e assai cauti [55]/. Se non è possibile affermare che Archiloco compose tali canti cultuali, né di conseguenza stabilire di che tipo di inni si trattasse e quale pubblico presupponessero, è però assai probabile che, sempre nell'ambito dei canti per il culto, una composizione in onore di Dioniso fu fatta cantare da Archiloco a un coro (fr. 251W = 219T) [56]/. Essa non piacque alla città — ed è questo un indizio relativo alla composizione del pubblico di questa performance — che costrinse Archiloco all'esilio, da cui ritornò solo per il provvidenziale e deciso intervento del dio di Delfi. L'accusa rivolta al poeta era quella di aver fatto eseguire un canto ἰαμβιχώτερον, troppo giambico e non adatto all'occasione festiva (cfr. *SEG* 15, 517, = Test. 4T, E$_2$ III 17 τεῖ δ'ἑορ[τεῖ). È questa una prova dell'esistenza di canti di Archiloco destinati non a una piccola cerchia di sodali, bensí ad un piú vasto pubblico, identificabile con il complesso della città riunita per una festa. Il fallimento — almeno momentaneo — della performance rivela l'inadeguatezza del canto all'occasione, o meglio la resistenza, forse anche politica, che un pubblico ampio esercita di fronte al tentativo di introdurre in un determinato tipo di performance elementi che non le sono propri. Questo in definitiva mi pare il significato da attribuire al comparativo assoluto ἰαμβιχώτερον, che dovrebbe riferirsi non già all'aspetto formale, bensí all'insieme di contenuti, abiti linguistici, ritmici e musicali che concorrono a informare e definire la performance.

Esiste ancora un'altro gruppo di canti archilochei, che paiono destinati a un pubblico piuttosto o addirittura assai ampio. Le due epigrafi parie ci hanno infatti restituito numerosi frammenti, assai malridotti, di composizioni in tetrametri nelle quali venivano narrate le vicende e le lotte legate alla colonizzazione di Taso, e piú in generale alla storia di Paro (frr. 89W = 99T, 90W, 93aW = 120T, 94W = 121T, 95W = 122T, 96W = 123T, 97W = 124T, 98W = 126T). È difficile, soprattutto per lo stato dei testi, formulare un giudizio complessivo sui frammenti. Questi tetrametri presuppongono in ogni caso un uso della poesia come memoria storica dei propri fatti, che la collettività — o una sua parte — vuole conservare e tramandare: è la «scoperta poetica della storia» che si realizzò in Ionia nell'età arcaica a opera di città come Paro, di poeti come Archiloco e delle loro composizioni, elegiache soprattutto [57]/, ma anche in altri metri, come i tetrametri archilochei mostrano.

Non tutta l'elegia ionica fu d'argomento storico, ma una sua parte lo fu, è il caso delle composizioni dedicate da Callino alla distruzione di Sardi, o da Mimnermo alla storia di Smirne, solo per citare due esempi tra i piú noti.

Si tratta di una poesia che in un certo modo prosegue, con un diverso legame con la realtà, alcune tra le funzioni proprie dell'epos, che è rivolta a un pubblico forse altrettanto esteso di quello della performance epica, ma che si caratterizza al proprio interno per una diversa e piú forte coesione; che abbandona — almeno momentaneamente — un atteggiamento 'panellenico' e richiede al cantore di rispecchiare la propria coscienza di collettività legata da culti, usanze e interessi comuni.

Un tale pubblico — pubblico della città — rivolge al cantore della propria storia richieste diverse da quelle che rivolge al

cantore epico, e gli chiede anche di definirsi in modo diverso.
Tutto ciò si riflette sul frammento archilocheo. La liceità del canto, la sua sanzione, non derivano dall'essere il poeta θεράπων delle Muse, che tutto sanno, dalle quali il poeta può solo udire i κλέα ἀνδρῶν. Il poeta si presenta egli stesso come testimone oculare di ciò che narra: per questo egli è soldato al massimo e piú santo livello, è θεράπων di Ares, ciò che racconta è vero come ciò che narrano le Muse, perché egli — come quelle ai grandi fatti del passato — fu presente, vide e sa. Le Muse d'altronde non vengono meno al cantore, il suo canto ha egualmente una propria e tradizionale sanzione divina, ma diversa e piú conforme alla natura e alle funzioni del canto.

La capacità di cantare è anch'essa di origine divina — 'dono delle Muse' — ma è altresí saldamente radicata nell'esperienza e nelle capacità tecniche del singolo. Le mani che hanno retto — per la città — la spada e lo scudo ora stringono e impiegano, in modo magistrale e col favore divino, anche lo strumento il cui suono suscita, all' interno della tradizione consacrata e accettata, la memoria delle cose viste e dei fatti vissuti.

2.9.

L'interpretazione fin qui svolta reca implicita una possibile — e apparentemente grave — contraddizione. Secondo la tradizione epigrafica le Muse donano a Archiloco la lira; il frammento 1W = 1T mostra che lo strumento non vale come mero simbolo dell'attività poetica o del favore di Apollo (e delle Muse), ma è elemento essenziale della produzione poetica.

Ma il frammento 1W = 1T appartiene a un'elegia, e lo strumento privilegiato nell'accompagnamento dell'elegia è l'aulo [58]/ e non la lira; questa anzi appare a tutta prima uno strumento marginale nella pratica della poesia archilochea se anche il recitativo, da Archiloco introdotto nell'esecuzione delle composizioni giambico-trocaiche, era accompagnato dall'aulo [59]/.

Ma il legame tra elegia e aulo non fu forse cosí esclusivo come le fonti esplicite suggeriscono. Di qui deriva, probabilmente, la cauta affermazione «it would be vain to assert that no one sang elegiacs to the lyre», con la quale West conclude la sua analisi delle modalità di esecuzione dell'elegia [60]/; una tale conclusione appare però troppo poco motivata, e anche in assenza di prove definitive è possibile suffragarla con alcune considerazioni [61]/.

Innanzitutto vi è la grande duttilità dell'elegia: se performances elegiache potevano avere luogo in occasioni e contesti tra loro assai diversi, che spaziavano da riunioni pubbliche e ufficiali a altre del tutto private, di fronte a un auditorio per estensione e composizione assai mutevole, non sembra fuori luogo ritenere che esse si caratterizzassero al proprio interno in modo differenziato; perciò in taluni casi il sottofondo o l'accompagnamento musicale potevano verosimilmente essere forniti anche dalla lira o da altro strumento a corde, piuttosto che dall'aulo. Nelle elegie e nelle occasioni alle quali l'elegia è associata, l'aulo e le lira compaiono sovente assieme, come p.e. in Teognide 531-4, 761, 973-6 [62]/. Un frammento elegiaco (32W) di Ione di Chio è un vero e proprio inno alla lira a 11 corde; l'attribuzione è stata spesso messa in dubbio [63]/, ma l'esistenza stessa di un simile frammento giustifica la possibilità che proprio sulla lira venisse intonata la parte musicale dell'elegia.

D'altra parte la lira e la cetra sono fondamentali per la citarodia, un genere manifestamente legato, a ogni livello, con l'epos [64]/. A sua volta una performance elegiaca del tipo definito in rapporto al frammento 1W = 1T assomma alcune caratteristiche proprie rispettivamente della rapsodia (metro dattilico, notevole formularità della dizione) e della citarodia (metrica non stichica, presenza di strofe, accompagnamento musicale a sostegno della recitazione); nulla impedisce insomma che questa elegia — ufficiale e cittadina — fosse accompagnata dalla lira. Un medesimo rapporto lega, al fondo, il pubblico di Femio e Demodoco — che intonano il proprio canto sostenendolo con la *phorminx* — a quello del frammento 1W = 1T di Archiloco: per entrambi il canto contiene storie e avventure reali, legate alla propria storia e alla propria vita.

Capitolo 3: Pane d'orzo e vino d'Ismaro.

3.0.
L'esame dei frr.2W = 2T e 4W = 7T induce a individuare un tipo di composizione poetica e un tipo di performance diverse nella forma e nella sostanza da quelle cui appartiene il fr.1W = 1T.

I due frammenti, per quanto pervenuti attraverso tradizioni differenti e apparentemente non collegati fra loro, saranno studiati come parti di una medesima composizione, secondo una proposta a piú riprese avanzata da Gentili [65]. L'opinione di Gentili non è condivisa dalla maggioranza degli studiosi, che hanno avanzato divergenti — e sovente bizzarre — proposte di interpretazione [66], senza peraltro mai entrare nel merito del problema nei termini proposti e documentati da Gentili.

A fronte del divergere delle interpretazioni, questa proposta di lettura si colloca su un piano diverso: per quanto lo scopo finale consista sempre nell'individuare il particolare rapporto tra poeta e auditorio che permette l'instaurarsi del messaggio poetico, il livello privilegiato dell'analisi sarà quello dei significanti, prima che quello dei significati. In particolare cercherò di mostrare in che modo nei versi si organizzino i significanti, non solo come aspetto del segno che rinvia immediatamente a un significato, ma pure come manifestazione autonoma del testo poetico: cosignificato autonomo rispetto al significato linguistico [67] (per quanto con esso interrelato).

Di conseguenza il significato linguistico — certamente non trascurabile — è solo un elemento per costituire il senso generale del testo, e su esso si possono di volta in volta formulare e verificare ipotesi all'interno di un panorama piú vasto [68].

3.1.
L'esametro del fr.2W = 2T è, per ciò che riguarda la suddivisione in cola, assai regolare, nel pieno rispetto dello «sche-

ma piú regolare di esametro» [69]/; le incisioni si susseguono senza grossi squilibri : 21g, 3tr, 4bc; d'altro lato è difficile trovare nella tradizione epica formule, sia verbali sia di struttura, alle quali connettere le componenti del verso archilocheo. Di una certa importanza, a proposito del pentametro, il richiamo fatto da Page[70]/ a espressioni quali Γ 135 ἀσπίσι κεκλιμένοι e ζ 307 κίονι κεκλιμένη, ma il parallelo può essere assai deviante: ἀσπίσι e κίονι possono essere concettualmente assai diversi da ἐν δορί, e Gentili, soprattutto dopo la pubblicazione dell'*Epodo*, lo afferma decisamente[71]/. Confrontando perciò la struttura dei nessi (⌐ ∪ ∪ /ᵖⁱᶜ ∪ ∪ = Γ 135 e ζ 307; ⌐ / ⌐ ∪ /ᵖⁱᶜ ∪ ∪ x = Arch. 2W, 1 = 2T, 1) avremmo un sicuro rapporto solo per ciò che riguarda la possibilità che un participio di forma — ∪ ∪ — si collochi in posizione 5.

3.2.
Ben pochi, insomma, sono gli elementi che riconnettono il distico alla tradizione epica, eppure non vi è dubbio che siamo di fronte a un prodotto di poesia orale, per ciò stesso tradizionale. «The anaphora of the phrase ἐν δορί is of traditional type: cf. *Il*.17,340f.», cosí giustamente nota Page[72]/. È possibile ampliare la portata di questa affermazione: tutto il frammento mi sembra fondato su una serie complessa di iterazioni, non solo verbali (l'anafora), ma soprattutto foniche.

Il primo colon si apre e si chiude con un medesimo suono in posizione forte: /en/. Questa forma chiusa costituisce una sorta di paradigma per l'intero esametro (e parzialmente per il successivo pentametro): è l'inizio e il modello di una complessa rete di allitterazioni in cui dominano il suono /e/ e quelli nasali /m/ e /n/, talvolta associati tra loro:

ἐν δορί μέν μοι μᾶζα μεμαγμένη, ἐν δορὶ δ'οἶνος
Ἰσμαρικός· πίνω δ'ἐν δορὶ κεκλιμένος.

3.3
Nel pentametro l'allitterazione iniziale si attenua un poco, appare però combinata con un nuovo accordo fonico, il cui

modello è fornito dal nesso in enjambement. Tre volte compare, solo o associato al sibilante /s/, il suono /o/ oppure /oi/: all'inizio e alla fine del nesso in posizione forte, e ancora al termine dell'esametro, a cerniera dell'enjambement, che ha perciò uno schema fonico assai complesso e saldissimo cosí rappresentabile:

οἶνος | 'Ισμαρικός

Il suono /o/ si afferma perciò come un altro elemento caratterizzante il pentametro, che con esso conclude entrambi gli hemiepe:

'Ισμαρικός· πίνω δ'ἐν δορὶ κεκλιμένος

Della vasta letteratura dedicata all'iterazione di singoli elementi o nessi fonici ricordo alcune sintetiche righe di G.L. Beccaria [73]/: «...l'elemento ripetitivo (allitterazione, assonanza o altro), oltre che qualità strettamente 'musicali', conferisce all'enunciato un automatismo che aiuta la memoria, gli dà stabilità per cosí dire fisica, che facilita la trasmissione orale, e non consente alterazioni, salvo quelle consentite dalla struttura ripetitiva originaria». Ciò che insomma viene qui garantito è la possibilità di memorizzare il testo e di riprodurlo anche oralmente senza alterazioni.

A questo scopo converge anche l'enjambement. Il fenomeno è abbastanza complesso e al fondo ambiguo; è nota la tesi di Parry [74]/ e di Lord [75]/ secondo i quali l'uso dell'enjambement nella poesia omerica sarebbe caratterizzato dalla natura e dalle necessità della composizione orale [76]/. Parry individua infatti una duplice opposizione tra poesia esametrica orale e letteraria, in rapporto ai due tipi di enjambement da lui isolati: l'epos orale sarebbe caratterizzato da una bassa percentuale di necessary enjambement e da una relativamente alta percentuale di unperiodic enjambement, mentre esattamente opposta sarebbe la situazione per l'epos piú tardo e letterario.

Parry mette tutto ciò in rapporto con l'adding style tipico della composizione orale dei poemi omerici.

Sfortunatamente Parry fondava le proprie conclusioni, logicamente ineccepibili, su un corpus esemplare poco idoneo a fornire percentuali matematiche attendibili. Questo limite della ricerca parryana è stato messo in luce dal piú recente lavoro di D.L. Clayman e T. van Nortwick [77]. I dati forniti da Clayman e van Nortwick non sembrano però piú attendibili di quelli di Parry, e una nuova indagine condotta da H. Barnes [78] ne mette in luce alcune allarmanti incongruenze, oltre che un palese errore. Ma neppure Barnes può confermare tutti i dati di Parry, e di conseguenza le sue conclusioni.

È piú che probabile, a questo punto, che lo studio dell'enjambement nella poesia greca arcaica vada rifondato e affrontato su basi teoriche e materiali diverse. Necessario sarà il ricorso alla comparazione non ristretta al solo ambito delle letterature classiche, ma aperta anche a quelle tradizioni, recenti o remote, della cui natura orale siamo certi. D'altra parte neppure ciò potrà dare la certezza che simili ricerche — essenzialmente quantitative, ma nelle quali elementi soggettivi permangono nelle scelte materiali e nell'applicazione dei criteri e dei metodi [79] — forniranno sicure risposte sulla natura dell'enjambement nella poesia greca arcaica. Piú volte nel corso del suo libro R. Finnegan mette in guardia contro le tentazioni a generalizzare nello studio delle tradizioni orali; un simile avvertimento è tanto piú necessario allorché si esamini un particolare aspetto del processo comunicativo quale è l'enjambement, influenzabile e condizionato in moltissime maniere, del quale non sono preliminarmente ancora chiare né la natura né le funzioni, né al limite la collocazione [80].

Tutte queste incertezze dipendono, a mio parere, dalla natura stessa dell'enjambement, che è duplice: da un lato fatto poetico volto a esercitare determinate influenze (volute o casuali che siano) sull'ascoltatore/lettore, dall'altro fatto 'poietico', elemento della tecnica compositiva del poeta, legato e condizionato, in un contesto di poesia orale, dalle specificità della composizione e dell'emissione. A proposito di quest'ultimo fatto, di particolare interesse sono gli esperimenti condotti da A. Quilis [81]/, da cui risulta che gli effetti dell'enjambement non si limitano alla soppressione della pausa o alla modificazione del ritmo, ma influenzano e scombinano profondamente l'unità metrica di emissione (il verso), protraendo e dando continuità al di là della pausa al livello di frequenza della linea melodica.

Un rapporto dunque esiste certamente tra l'oralità di un testo (o la sua origine orale) e il verificarsi dell'enjambement, e in ciò Parry aveva pienamente ragione: ma in tradizioni poetiche che hanno raggiunto un alto grado di perfezione artistica e tecnica attraverso generazioni di cantori in gara tra loro, mi sembra assai difficile postulare un'unica ragione capace di spiegare sempre e comunque il fenomeno.

L'"oralità' propria dei testi greci arcaici complica ulteriormente la situazione, e introduce nuove ragioni di cautela. Fondare una teoria dell'enjambement sull'opposizione testi orali *vs* testi letterari sembra un poco eccessivo quando si pensi che in ogni modo la nostra attenzione si concentra su testi scritti. Il processo di registrazione non è senza influenza sul prodotto finale, e anche nel caso di *oral dictated texts* esiste sempre un insanabile contrasto — soprattutto temporale — tra i modi dell'emissione e della registrazione. Si aggiunga l'influenza dello scriba sul cantore: essa può essere negativa (p.e. con la sua lentezza lo scriba può snervare o far perdere il filo al cantore) oppure positiva (p.e. aiutando il cantore a superare un momento di confusione o un vuoto di memoria) [82]/. In ogni caso la registrazione influenza in modo non irrilevante il testo, e l'enjambement si colloca proprio nel punto — la cesura versale — dove massimo è il contrasto tra l'abitudine del cantore e le necessità dello scriba.

A M.S. Jensen dobbiamo una recente e acuta analisi dell'influenza dello scriba su un testo orale [83]/. Ella suppone che la suddivisione in canti dei poemi omerici rifletta il succedersi delle 'sedute' di registrazione, e che dopo l'interruzione il cantore scelga, sollecitato dallo scriba, se riprendere gli eventi al punto raggiunto in precedenza o introdurre qualche pausa, spaziale o temporale. Si avrebbero insomma, anche a livello di grandi strutture, fenomeni paragonabili all'enjambement, in cui fondamentale risulta la scelta istantanea, anche se tradizionale, del cantore, ma dove non è trascurabile neppure la sollecitazione dello scriba.

In questo quadro l'enjambement non può essere considerato un fenomeno unitario, e non può stare alla base che di generalizzazioni assai labili: ogni giudizio su valore e funzioni è unico e vale — almeno in principio — solo per il caso in esame.

Ritorniamo al nesso οἶνος Ἰσμαρικός: questo enjambement di tipo unperiodic (o progressive) sarebbe nell'epos legato all'adding style, e permetterebbe al cantore di aggiungere elementi di ornamentazione e digressione. Ma, come vedremo meglio tra poco, l'uso dell'epiteto tradizionale, con funzione ornamentale e generalizzante, è un tratto di scarso rilievo e funzione nell'elegia e nella lirica (ciò beninteso non significa che nell'elegia e nella lirica l'epiteto tradizionale non venga utilizzato). E infatti il «braquistiquio» Ἰσμαρικός, isolato da incisioni, non si limita a svolgere funzioni di ornamentazione: oltre che essere parte di un complesso gioco fonico (v. qui sopra), esso introduce una prospective cumulation [84]/: da Ἰσμαρικός prende spunto tutto il prosieguo del pentametro, che non è neppure esso ampliamento ornamentale, bensí l'enunciazione di una nuova fondamentale funzione.

L'epiteto dunque è attivo e cruciale sotto il profilo sia funzionale sia semantico. Contenga una sottolineatura ironica [85]/, o piú probabilmente enfatica [86]/, è certo che la menzione del raffinato vino d'Ismaro è in stridente contrasto con l'appena menzionata rozza μᾶζα. La provenienza stessa del vino eccellente era forse assai significativa per un auditorio per il quale la Tracia ove si trovava Ismaro rivestiva, nel bene e nel male, una grande importanza [87]/.

Simili caratteristiche formali, semantiche e funzionali dell'epiteto sviluppano una complessiva e formidabile funzione di tenuta all'interno del distico. L'unità di emissione non è piú l'esametro, e neppure l'esametro + Ἰσμαρικός: tutto è orientato affinché il distico, una volta pronunciato, tenda a formare un'unità inscindibile nell'orecchio e nella memoria dell'ascoltatore. L'enjambement in questo caso dà continuità al canto, e garantisce una stabilità tale che viene assicurata la riproducibilità completa, anche in assenza di un linguaggio fortemente formulare e stilizzato.

Ci si può chiedere se una riproducibilità di questo tipo — con scarsi margini di interscambiabilità — non sia caratteristica di una tradizione poetica piú legata agli eventi e alle cose quotidiane, in cui le singole personalità del cantore e degli ascoltatori siano fortemente coinvolte nel canto, dove gli eventi narrati siano tali da esigere una riproducibilità non piú generica.

3.4.

Nel fr. 4W = 7T è possibile riconoscere, oltre che un probabile legame tematico, anche un'organizzazione formale per molti aspetti simile a quella del fr. 2W = 2T.

Nel v.6 (il primo fra quelli interamente conservati) un andamento assai rispettoso della tradizione epica è modificato dall'inserimento, dopo l'iniziale e tradizionalissimo ἀλλ'ἄγε, di σὺν κώθωνι (pos. 5 $^1/_2$), parola non attestata nell'epos e a forte caratterizzazione (v. qui sotto). Qualcosa di simile avviene anche nella seconda parte del verso: un nesso fondamentale (διὰ σέλματα), imperniato su una parola anch'essa sostanzialmente estranea alla lingua dell'epos, interviene a modificare a livello formale ed espressivo una formula assai nota, estesa dall'incisione 3tr al termine del verso, e con una forma di θοός in posizione 7. L'informazione fornita è alternativa a quella — simile sotto molti aspetti — che sarebbe stata data mediante espressioni ben affermate nel patrimonio epico quali x 244 θοὴν ἐπὶ νῆα μέλαιναν oppure *θοὴν διὰ νῆα μέλαιναν, rimodellata con un procedimento di ritorno su θοὴν διὰ νύκτα μέλαιναν (K 394, K 468, Hes.*Th*. 481)[88]/.

L'inserimento di διὰ σέλματα scardina parzialmente il nesso: si mantiene il legame tradizionale tra 'nave' e 'veloce', ma la preposizione (διά) non regge piú, come sempre accade in simili formule, il sostantivo 'nave' e gli epiteti collegati, bensí un sostantivo nuovo e ben piú specifico che ricaccia ciò che resta della formula al semplice ruolo di ulteriore qualificazione.

3.5

Nel v.7 (pentametro) l'unico legame con la tradizione è costituito da κοίλων in posizione 5; in una certa misura rientra nella tradizione della poesia epica anche φοίτα in apertura di verso. Ma l'uso omerico conosce la forma φοίτα come imperfetto non aumentato di φοιτᾶν: tutte le testimonianze in nostro possesso convergono su ciò. L'uso dell'omologo imperativo provoca un ambiguo spostamento della struttura della frase che, già preannunciata da ἀλλ'ἄγε al v.6, viene completamente chiarita solo con il successivo e indubitabile ἄφελκε. Il legame tra i due imperativi viene affermato dalla allitterazione della labiale aspirata: allitterazione e assonanza compaiono in questo verso in modo massiccio, come pure nei seguenti, fino a costituire un sistema imponente:

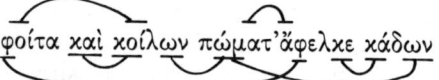

La rappresentazione grafica mi sembra rendere sufficientemente conto della situazione: resta solo da sottolineare come tutte e quattro le sillabe forti poste al principio e alla fine degli hemiepe contengano il suono /o/.

3.6

Nell'esametro seguente (v.8) il gioco fonico è forse meno evidente, mentre compaiono alcuni nessi sicuramente tradizionali, a cominciare da ἄγρει, di uso comune in questa posizione nell'epos. Ma in ἄγρει, come in φοίτα, possiamo ancora una volta misurare l'allontanamento dalla tradizione epica, dove ἄγρει compare sempre associato a un altro imperativo portatore di significato, e svolge perciò una funzione paragonabile a quella di ἀλλ'ἄγε al v.6. In Archiloco invece l'imperativo è solo a indicare il comando di attingere il vino.

Οἶνον ἐρυθρόν è anch'essa una formula assai diffusa che si

colloca di preferenza in posizione 12 (ε 165, ι 208, μ 19, μ 327, ν 69, π 444), ma che in *h.Cer.*208 è in posizione 5 $^1/_2$ come in Archiloco. Questa formula è seguita da ἀπὸ τρυγός che, per quanto ne sappiamo, è elemento non tradizionale, oltre che, per noi, di assai difficile interpretazione (v. sotto).

Il verso si chiude infine con un nesso, che fa parte di un integral enjambement, in larga misura tradizionale: possiamo infatti confrontare l'archilocheo οὐδὲ γὰρ ἡμεῖς da un lato con l'alto numero di nessi che occupano le sedi a partire dalla posizione 9 e si aprono con οὐδέ (in K 25 e ψ 266 la negazione è associata a γάρ), dall'altro con il ricorrere di ἡμεῖς in posizione 12 (con il verbo in enjambement al verso seguente): Λ 527, ζ 295, e significativamente T 409 οὐδέ τοι ἡμεῖς.

Dal punto di vista fonico il verso appare basato sul suono liquido /r/ in stretta associazione con una muta:

ἄγρει δ'οἶνον ἐρυθρὸν ἀπὸ τρυγός· οὐδὲ γὰρ ἡμεῖς

3.7.
La sequenza di suoni vocalici (/e/, /ei/) che chiude l'esametro apre pure il pentametro. Il suono dominante /e/ pervade tutto il v.9: in cinque casi su sei l'arsi è un suono /e/, e in generale su quattordici suoni vocalici ben nove sono riconducibili alla dominante. Dallo schema si può facilmente vedere quanto l'intreccio sia sapiente e complesso:

ἡμεῖς / νηφέμεν ἐν φυλακῇ τῇδε δυνησόμεθα

La tessitura fonica, l'enjambement, l'ordine delle parole — segnato dall'attesa del verbo principale — contribuiscono a fare del distico un saldo blocco, non diversamente da come osservato prima a proposito del fr. 2W=2T.

3.8.
La presenza di numerosi elementi non tradizionali e comunque attestati da Archiloco per la prima volta, sotto il profilo linguistico ma anche materiale, introduce numerosi ele-

menti di incertezza nell'interpretazione del frammento. Cominciamo da ἀπὸ τρυγός. Le interpretazioni sono essenzialmente due: «attingi dalla feccia, fino alla feccia», e «attingi a esclusione della feccia, senza toccare o smuovere la feccia»[89]/. Il punto è se al poeta e ai suoi compagni interessi la quantità o la purezza del vino con cui intendono ubriacarsi. L'eliminazione della parte inquinata e torbida per la feccia doveva far perdere una buona quantità di vino se, come sembra, il κάδος che lo conteneva era posto su una imbarcazione sulla cui stabilità, sulle onde corte e incrociate dell'Egeo, non si può troppo confidare.

L'interpretazione corretta — «attingi fino alla feccia» — è a mio parere indicata soprattutto dal contesto, e in particolare dalla menzione del κώθων al v. 6.

Dal frammento archilocheo è evidente che il κώθων è una sorta di coppa, e cosí intende la parola Ateneo che cita il frammento (11, 66, 483d). Che cosa venisse realmente designato dalla parola è un poco meno chiaro, e è assai probabile che solo il κώθων detto 'spartano' servisse veramente per bere: gli altri manufatti che vengono tradizionalmente indicati come κώθωνες hanno una forma che ne rende impossibile un tale uso [90]/. L'ambiguità si rivela nella lessicografia (cfr. Hesych. s.v.) e nel costante uso, nelle fonti, dell'aggettivo Λακωνικός per i κώθωνες usati come coppe: il caso piú illuminante è in Plutarco (*V. Lyk.* 9) che citando indirettamente Crizia (fr. B34 D.-K. [1952²] II 391-2) parla di κώθων ὁ Λακωνικός. Caratteristiche del κώθων — che lo renderebbero particolarmente adatto all'equipaggiamento di un soldato — sarebbero la sua facile trasportabilità (εὐφορώτατον ἐν γυλιῷ Ath. 11, 66, 483b) e il fatto che permette al soldato di bere acqua non eccessivamente pura. E ciò per tre ragioni (ricavabili da Ateneo e Plutarco,): a) e b) non lascia ben vedere il colore dell'acqua sia per la sua forma sia per il suo colore, c) grazie alla sua forma trattiene le impurità e lascia colare solo il liquido.

Una coppa con simili proprietà era evidentemente l'ideale per bere non solo acqua fangosa, ma anche vino reso eventualmente torbido dalla feccia in sospensione: di qui l'invito di Archiloco ad attingere fino in fondo, senza badare alla feccia, che sarebbe poi stata trattenuta dal κώθων.

Archiloco non è solo sulla nave, divide l'intenzione di ubriacarsi con alcuni compagni; il κώθων menzionato è invece uno solo e pare soprattutto destinato ad attingere il vino dal κάδος e a trasportarlo lungo la nave ad Archiloco e ai suoi compagni di veglia. L'uso è a prima vista abbastanza improprio, ma la strana coppa spartana non doveva essere un oggetto largamente diffuso nelle Cicladi settentrionali ioniche. Essa indica un legame con zone doriche o d'influenza spartana, legame che nell'epoca arcaica passa per Nasso, la nemica, per i Pari, Nasso[91]/. Questo singolo κώθων, cosí utile, e la cui funzione è cosí ampiamente sottolineata dal poeta, sembra avere un valore che trascende la situazione contingente, un significato molto particolare per il poeta e il suo pubblico. Una preda di guerra, un ritrovamento fortunato, uno scambio? Certezza non è possibile.

Altrettanto fortemente caratterizzato è il κάδος contenente il vino. Κάδος è un calco da parola semitica, probabilmente fenicia, e fa con Archiloco la sua prima comparsa in greco[92]/. Le altre piú antiche attestazioni connettono costantemente il κάδος con il vino e indicano una provenienza esotica: il κάδος è infatti menzionato come contenitore di vino in una iscrizione cipriota databile intorno al 600[93]/, in Anacreonte (fr. 93 G.), e in Erodoto (III 20), ove Cambise invia in dono agli Etiopi, tra l'altro, un φοινικηΐου οἴνου κάδος. Successivamente il κάδος diviene un oggetto d'uso abbastanza comune, ma la sua estraneità rispetto agli altri vasi ellenici è forse indicata dall'assenza di κάδοι dipinti o comunque decorati[94]/. Anche la menzione del κάδος dunque fa sospettare un qualche significativo riferimento all'esperienza del poeta e del pubblico.

Capitolo 4: Conclusioni

4.0.
Sintetizziamo ora le differenze notate nei frammenti analizzati; in sede di valutazione complessiva occorrerà opportunamente integrare i due piani — dei significanti e dei significati — lungo i quali è stata condotta l'analisi.

4.1.
Il fr. 1W = 1T contiene un'autodefinizione dell'io parlante in una duplice prospettiva, come soldato e come poeta. Le due attività sono definite in modi differenti, ma trovano unità in primo luogo sul piano dell'espressione poetica. La forma rivela infatti una piena accettazione del patrimonio poetico tradizionale piú conosciuto e diffuso, quello dell'epos i cui modi (le formule) appaiono completamente adeguati alle esigenze della comunicazione.

Parallelamente, l'affermazione — pur decisa — della propria individualità si esprime in modo assai mediato, attraverso un processo di simbolizzazione tipico dell'epos[95]/. Archiloco afferma se stesso attraverso la sanzione che la collettività nel suo complesso può dargli: da un lato ricorda la propria sottomissione alla divinità che il corpo sociale unanime riconosce come preposta all'attività guerresca — e con ciò afferma la natura sociale della propria professione guerriera, come pure la propria prerogativa di testimone e attore delle vicende militari della città. Dall'altro rinuncia a porsi come produttore autonomo del proprio discorso e accetta le Muse quale sede originaria della propria parola; ma il rapporto non è di semplice sottomissione, come accade per Omero e Esiodo: alla sottomissione si sostituisce la conoscenza che il poeta ha del dono amabile delle Muse.

La materia stessa del canto — se le ipotesi sopra esposte sono corrette (cfr.2.8.) — motiva lo spostamento rispetto al cantore epico e il diverso controllo esercitato sul canto. Il poeta non celebra piú fatti remoti o lontani, dei quali solo la divinità può rendere diretta testimonianza, ma vicende vicine, che egualmente concernono lui stesso e il suo pubblico. Il controllo sociale diventa cosí duplice: alle Muse, già di per sé una simbolizzazione dell'auditorio[96]/, si affianca il pubblico, sottomesso come il poeta a «Ares comune a tutti gli uomini»[97]/.

Il controllo non si esercita solo sul 'cosa' il poeta canta, bensí anche sul 'come', sul codice linguistico che fa da concreto tramite fra emittente e destinatario. Il codice cui il poeta fa ricorso e che la collettività presente alla performance gli impone è — come si è detto — quello epico, vale a dire il meno caratterizzato, e il piú generale e diffuso.

4.2.

Nei frr. 2W = 2T e 4W = 7T l'analisi ha messo in luce numerose caratteristiche comuni che suonano a conferma della contestualità proposta da Gentili. Abbiamo infatti notato: a) un notevole allontanamento dalla dizione poetica tradizionale; b) il massiccio ricorso ad artifici quali l'allitterazione e l'assonanza, unito a un frequente e particolare uso dell'enjambement; c) la presenza, al livello dei significati, di talune espressioni (ἐν δορὶ κεκλιμένος, ἄγρει ... ἀπὸ τρυγός) non immediatamente perspicue, e la cui interpretazione vede ancor oggi divisi gli studiosi; d) l'apparire di taluni oggetti designati con il loro nome specifico, forse legati alle vicende e alle esperienze del cantore e dei suoi ascoltatori.

Tutti questi fenomeni sono strettamente connessi e indicano concordi un particolarizzarsi della destinazione del canto. L'allontanamento dalla dizione epica avviene secondo precise modalità: le formule tradizionali appaiono modificate non per oggettive esigenze formali (il metro) — anche se il fenomeno è senz'altro piú evidente nel pentametro —, quanto per precise esigenze espressive. Nel linguaggio poetico compaiono parole ed espressioni diverse da quelle che compaiono nell'epica, in quanto si dà voce poetica a esperienze diverse, piú particolari e caratterizzabili — non in sé, ovviamente, ma in rapporto all'auditorio e all'occasione. Non è qui questione di dignità o valore della parola poetica, bensí di qualcosa che è legato alla possibilità e volontà di comunicare in modo piú preciso e legato all'esperienza.

Esemplare a questo proposito quanto avviene al v.6 del fr. 4W = 7T: nell'esametro, dove necessità di adattamento al metro non esistono, la dizione formulare viene sapientemente sconvolta: una formula quale θοὴν ἐπὶ νῆα μέλαιναν, oppure *θοὴν διὰ νῆα μέλαιναν, viene sostituita da qualcosa di assai simile, ma completamente diverso, come θοῆς διὰ σέλματα νηός. L'eliminazione dell'epiteto fisso è conseguenza della volontà di descrivere in modo piú preciso l'azione: ciò porta alla menzione dei σέλματα. Le perplessità suscitate dall'espressione διὰ σέλματα φοιτᾶν[98]/ non dipendono a loro volta dalla volontà del poeta, inteso solo a esprimere un concreto dato di esperienza, bensí anch'esse dai limiti delle nostre conoscenze relative agli elementi biotici e quotidiani delle collettività arcaiche. L'emergere nella lingua poetica di una fraseologia legata a precise esperienze di gruppo[99]/ (marinai, soldati etc.) corrisponde a uno specializzarsi del pubblico con cui l'io parlante deve dividere quei dati di esperienza che rendono comprensibile il messaggio.

In questo modo il controllo sociale sul poeta non viene mai meno, ma prende forme diverse a seconda del rapporto tra le forze in campo, del modificarsi delle qualificazioni e motivazioni dei destinatari da un lato e del contesto della performance dall'altro.

La natura orale della comunicazione, unita al particolarizzarsi della dizione e dell'esperienza narrata, fa sí che in queste composizioni si debba ricorrere a un particolare supporto intrinseco al messaggio poetico, che garantisca una memorizzazione e una riproducibilità fondate su elementi diversi da quelli che caratterizzano l'epos; una riproducibilità non piú generica, ma particolare, in cui i mutamenti possono essere solo minimi. Di qui deriva, concretamente, il ricorso ai sistemi di allitterazione, assonanza e enjambement che abbiamo visti ampiamente utilizzati.

4.3.
Le articolazioni e le differenze interne alla forma elegiaca sono dunque una funzione del pubblico, della sua composizione e disposizione nei riguardi della performance. Ciò spiega l'apparente inafferrabilità del genere e le differenze — esistenti a ogni livello — non solo tra i diversi poeti, ma anche all'interno dell'opera di un singolo poeta.

La disponibilità per il canto di codici linguistici particolari e specializzati — e in questo diversi da quello epico —, noti sia al poeta sia agli ascoltatori, va di pari passo con il realizzarsi di condizioni materiali adatte al canto e con la necessità e volontà dell'uno e degli altri di esprimere poeticamente, cioè comunicare collettivamente, argomenti e esperienze che vanno oltre i confini del mondo epico e affondano nelle vicende vitali e quotidiane. E così i frr. $2W = 2T$ e $4W = 7T$ si rivelano come i brandelli superstiti di una performance i cui destinatari erano quanti dividevano o divisero con il poeta l'esperienza cantata. B.Gentili[100]/ afferma che nei versi conservati appare «l'accettazione serena di una condizione di vita immutabile»; la permanenza che è propria della poesia trasforma la narrazione di una particolare vicenda vissuta nella memoria permanente del gruppo, in strumento di autocoscienza e autodefinizione. L'assenza di una marca linguistica propria dell'affermazione, quale il verbo 'essere', non deve ingannare:se la poesia ottiene il suo scopo, ha cioè successo, allora il gruppo dei destinatari, che la fa propria, si riconosce in essa e vuole che la propria esperienza si fissi nella memoria, si avvii insomma a diventare storia.

NOTE ALLA PRIMA PARTE

1) Kondoleon 1964, 39.
2) In generale sul controllo esercitato dal pubblico sul poeta cfr. Finnegan 1977, c. 4 «Style and performance» 88-133; Svenbro 1976, 16-35.
3) Su Paro e Taso: Kondoleon 1964 e Pouilloux 1964. G. Huxley, *The Early Ionians*, London 1966, 59-61; L.H. Jeffery, *Archaic Greece. The City-States c.700-500 BC.*, London-Tonbridge 1976, 181-3. L.H. Jeffery (181-2) ritiene possibile che, ancora intorno al 500, i legami tra colonia e madrepatria fossero cosí stretti da permettere il possesso della doppia cittadinanza e di rivestire cariche politiche in entrambe le isole.
4) Kondoleon 1965, 413-8.
5) Sui culti eroici tributati a Archiloco e altri poeti: Nagy 1979, 300-8.
6) Nagy 1979, 304.
7) Oralità e pragmaticità sono concetti centrali per questo e il successivo studio: la poesia greca arcaica è — come ormai quasi unanimemente riconosciuto — orale e pragmatica. La centralità di queste caratteristiche in relazione soprattutto alla lirica è stata primamente e esplicitamente affermata da Bruno Gentili, soprattutto 1965 e 1969. A lui e alla sua magistrale perspicacia devo moltissimo.
8) Dover 1964, 185-95; Gentili 1968, 39-40, 50-68; West 1974, 2-10, 22-5; Gentili 1978, 384-90.
9) West 1974, 10-3.
10) C. Ginzburg, «Spie. Radici di un panorama indiziario», 72-3, in *Crisi della ragione,* a cura di A. Gargani, Torino 1979, 57-106.
11) Rösler 1975, 277.
12) Rösler 1975, 278.
13) Fränkel 1962^2, 197-8; 1968^3, 40-2.
14) Pavese 1972, 218.
15) Rösler 1975, 284-5.
16) Per il rapporto tra agoni rapsodici inseriti nelle feste e esecuzione di *Inni Omerici*: A. Aloni, «*Prooimia, hymnoi*, Elio Aristide e i cugini bastardi», *QUCC* 33, N.S. 4, 1980, 23-40, ivi altra bibliografia.
17) Le piú recenti indagini condotte sulla formazione dell'esametro paiono, p.e., indicare con buona sicurezza che la poesia esametrica si formò successivamente a altri 'generi' di tipo lirico; cfr. Gentili-Giannini 1977. Le ragioni dell'universalità dell'epos non stanno nelle sue origini, bensí in una serie di motivi e contingenze che fecero sí che quello e non altro fosse il genere collegato alle grandi feste delle collettività arcaiche, in cui esse interamente si riconoscevano.
18) Una serie di contrattempi, e di difficoltà burocratiche, mi ha impedito di vedere il recentissimo libro di W. Rösler, *Dichter und Gruppe*, München 1980, e confrontare questa mia con le sue piú recenti ricerche.
19) Nessuno nei poemi omerici canta per se stesso; Achille nei momenti dell'ira cerca conforto nel canto (I 185-91), ma neppure la sua è una performance soli-

taria: egli canta per Patroclo che assiste in silenzio. La vicenda dell'anonimo aedo lasciato da Agamennone a sorvegliare Clitemestra (γ 267-71) è l'efficace rappresentazione di ciò che accade quando si spezza il collegamento tra poeta e uditorio, vale a dire tra l'aedo e Egisto e Clitemestra: egli viene privato del suo uditorio e, solo su un'isola deserta, non può che morire. Cfr. Svenbro 1976, 31-2.

20) Sulle probabili caratteristiche delle ninne-nanne dell'antica Grecia, ipotizzabili sulla base di frammenti isolabili all'interno di opere letterarie di natura affatto diversa, si veda J. Waern, «Greek Lullabies», *Eranos* 58, 1968, 1-8.

21) Per quanto attiene alla terminologia metrica ho utilizzato nel corso dell'analisi: per le incisioni lo schema — basato su quello fränkeliano — elaborato da L.E. Rossi, (1965, 242); per la posizione delle parole e dei nessi il comodo sistema di E. G. O'Neill 1942 e di H. Porter, «The Early Greek Hexameter», *YClS* 12, 1951, 1-63.

Fränkel-Rossi

$$-/\cup/\cup/-/\cup/\cup/-/\cup/\cup \quad -/\cup\cup/-/\cup/\cup/-\,-$$

1lg 1tr 1bc 2lg 2tr 2bc 3lg 3tr   4lg 4bc 5lg 5tr 5bc

O'Neill-Porter

$$\begin{array}{cccccccccccccc} 1 & 1^{1}/_{2} & 2 & 3 & 3^{1}/_{2} & 4 & 5 & 5^{1}/_{2} & 6 & 7 & 7^{1}/_{2} & 8 & 9 & 9^{1}/_{2} & 10 & 11 & 12 \\ - & \cup & \cup & - & \cup & \cup & - & \cup & \cup & - & \cup & \cup & - & \cup & \cup & - & - \end{array}$$

  2   4   6   8   10

22) Giannini 1973 mostra che nell'elegia esiste una dizione formulare paragonabile e quasi identica a quella epica: ciò non significa però che tutte le elegie a noi note presentino lo stesso grado e lo stesso tipo di formularità.

23) P.e. A.B. Lord, «Rec. a G.S. Kirk, *The Songs of Homer*», *AJPh* 85, 1964, 85.

24) Pavese 1974, 29-30.

25) La probabile conoscenza, da parte di Archiloco, di un canto che comprendeva l'incontro Odisseo-Nausicaa, non ha nulla a che fare con una conoscenza della nostra *Odissea* da parte del poeta. L'incontro fra la principessa e l'eroe rientra in una storia tradizionale, sicuramente oggetto di numerose performances precedenti la registrazione del canto nella redazione che noi conosciamo. Archiloco poteva conoscere un tale canto, all'interno del quale l'autopresentazione di Nausicaa a Odisseo è non solo conveniente ma necessaria, sia come ascoltatore membro del pubblico, sia al limite come cantore (ma su questo problema si veda 2.3.).

26) A questo proposito possiamo ricordare un altro nesso iliadico: Ω 406s. εἰ μὲν δὴ θεράπων Πηληϊάδεω Ἀχιλῆος / εἴς... Θεράπων è in posizione 5 (privilegiata per parole di forma ᴗ ᴗ —, cfr. O'Neill 1942, 141, tav. 7), mentre a livello fonico il verso si apre in modo assai simile sia a ζ 196 sia al verso archilocheo (cfr. Pavese 1974, 27).

27) P.e. Korzeniewski 1968, 35.

28) Valore continuativo è esplicitamente attestato dallo scolio a *Batr.* 17 εἰμὶ δ'ἐγὼ βασιλεὺς Φυσίγναθος, ὃς κατὰ λίμνην. δ'] καὶ Vᵃ. ἀντὶ τοῦ γάρ Mᵐ. Cfr. A. Ludwich, *Die Homerische Batrachomachie*, Leipzig 1896, 215.

29) W. Verdenius, «Inceptive δέ again», *Mnem* 27, 1975, 173-4, ivi altra bibliografia.

30) Problematica è la certezza con cui Nagy 1979, 301-8 associa καὶ Μουσέων a θεράπων Ἐνυαλίοιο ἄνακτος. L'ipotesi non è nuova (cfr. Breitenstein 1971, 26 nota 110), ma mi pare vada quanto meno motivata: la mia motivazione a favore della separazione dei due versi è contenuta nelle pagine che seguono. Preliminarmente vorrei solo far notare che la lettura di Nagy non riduce buona parte del pentametro a una sorta di glossa in fondo trascurabile (come egli sembra sottintendere), bensí introduce una doppia simbolizzazione dell'attività poetica («servo delle Muse» / «esperto del dono amabile» di chi?) che oltre alla durezza e improbabilità sintattica e metrica rivela una intima e inesplicata contraddittorietà.

31) Si ricordi tuttavia la «*polisemanticità* dell'espressione epica» cui fa cenno Gentili 1972, 75 ss. e nota 109.

32) Nagy 1979, 292ss.

33) Il v. 415 sembra confermare la lettura νοῆσαι, nonostante l'opinione contraria del commento (*ad l.*) di Allen-Halliday-Sikes: giunti presso Tenaro i mercanti — che ancora pensano di opporsi alla volontà del dio — vorrebbero far atterrare la nave, sbarcare, meditare sul prodigio e finalmente *vedere* cosa farà il mostro divino. Il ritorno dei medesimi temi nei vv. 400-3 (ἐπόρουσε...νηΐ...πέλωρ μέγα... ἐπιφράσσαιτο...νηΐα δοῦρα) e 414-7 (νῆα...φράσσασθαι μέγα (θαῦμα)...νηός...πέλωρον...ὀρούσει) fa ritenere che ὀφθαλμοῖσι ἰδέσθαι sia rispetto a νοῆσαι una ripresa con variazione tematica.

34) Nagy 1979, 292-5.

35) Jensen 1980, 73-4.

36) N. Kondoleon, Νέαι ἐπιγραφαὶ περὶ τοῦ Ἀρχιλόχου ἐκ Πάρου, *AE* 1952, 32-95, cfr. 64-8; Breitenstein 1971, 15-8 riprende ampiamente l'argomento.

37) Per il significato di οἶμος /οἴμη cfr. A. Pagliaro, «Aedi e rapsodi» 34-40, in *Saggi di critica semantica*, Messina-Firenze 1952, 1-62. Sulla distinzione tra rapsodia e citarodia si veda l'analisi complessiva in Pavese 1972, 198-272; e inoltre Gentili-Giannini 1977, 34-7 e C.O. Pavese, «Tipologia metrica Greca» 51-8 in *Problemi di metrica classica*, Genova 1978, 49-74.

38) Per il legame di νῆΰς con la radice ἰδ- cfr. Chantraine 1968ss. III 750 s.v.; Frisk 1960ss. II 314 s.v.

39) Lord 1960, 18-9.

40) Lord 1960, 21.

41) Lord 1960, 99.

42) Murray 1980, 50-2; in generale M. Mauss, «Essai sur le don. Forme et raison

de l'échange dans les societés archaïques», *L'Année Sociologique* N.S.1, 1923-4, 30-186, ora anche in *Sociologie et anthropologie,* Paris 1966³;M.I. Finley, «Marriage, Sale and Gift in the Homeric World», *RIDA* 2, 1955, 167-94, in particolare 177-87.

43) Notopoulos 1966 e Breitenstein 1971, 13-5
44) Breitenstein 1971, 14-5.
45) Notopoulos 1966, 314.
46) Il dubbio 'cronologico' è affacciato anche da Breitenstein 1971, 14. La confusione, sotto la comune etichetta ποιηταί, di autori di composizioni ben diverse, non soddisfaceva Aristotele, le cui affermazioni programmatiche al principio della *Poetica* (c. 1 in particolare 1447b 10-23) suonano implicita critica alla designazione platonica.
47) Breitenstein 1971, 14 e nota 71.
41) H. Koller, «Epos», *Glotta* 50, 1972, 16-24.
49) Gow 1952², II 545.
50) Merkelbach-West 1974, vv. 36-40 = PMG Suppl. 478b
51) Breitenstein 1971, 14 *vs* 23 nota 67.
52) Gow 1952², II 545 *ad v.* 5.
53) Notopoulos 1966, 314-5 e Breitenstein 1971, 13 e nota 60 con ampia bibliografia.
54) Lasserre-Bonnard 73-4.
55) Tra gli antichi: Hephaest. *Ench.* 15, 16; tra i moderni si veda soprattutto quanto esplicitamente o implicitamente detto dagli editori, in particolare Lasserre-Bonnard LXX-LXXI e 79; Treu 243-4; Tarditi 160; West fr. 322 e 324; West 1974, 138-9; e inoltre G.A. Privitera, «Archiloco e il ditirambo letterario presimonideo», *Maia* 9, 1957, 95ss.; Breitenstein 1971, 13 e note 53-55.
56) Il frammento e la narrazione relativa sono riportati nell'iscrizione di Mnesiepe (*SEG* 15, 517 = Test. 4T, E_2 III 16ss.). Le poche sillabe iniziali di verso conservate nell'epigrafe non permettono di stabilire con certezza quale fosse la forma della composizione in onore di Dioniso. Gentili 1968, 64 nota 3 ritiene che si trattasse di un'elegia.
57) S. Mazzarino, *Il pensiero storico classico. I*, Bari 1966, 38.
58) Gentili 1978, 388.
59) Per la *parakataloghe* la fonte principale è Ps.-Plutarco, *De Musica* 28, 1141 A-B; cfr. F. Perusino, *Il tetrametro giambico catalettico nella commedia greca*, Roma 1968, 20-7; S.Michaelidis, *The Music of Ancient Greece. An Encyclopaedia*, London 1978, 237 s.v. *Parakataloge*. Entrambi gli studiosi sono però assai cauti nel legare, soprattutto in rapporto a Archiloco, la *parakataloghe* a un solo strumento.
60) West 1974, 14.
61) Tra gli studi recenti: D.A. Campbell, «Flutes and Elegiac Couplets», *JHS* 84, 1964, 63-8; T.G. Rosenmeyer, «Elegiac and Elegos», Calif. Stud. in Class. Ant. 1, 1968, 217-31; Romano 1974, 161-2.
62) Anche in rappresentazioni figurative relative a κῶμοι e simposi l'aulo appare spesso assieme a uno strumento a corde; cfr. M. Wegner, *Das Musikleben der Griechen*, Berlin 1949, 197-8.

63) West 1974, 173-4. Sul significato del frammento di Ione, si veda G. Comotti, «L'endecacordo di Ione di Chio», *QUCC* 13, 1972, 54-61.
64) Pavese 1972, 230-49, in particolare 230-1.
65) Gentili 1965, Gentili 1970, Gentili 1976; cfr. anche B. Gentili, *Gnomon* 48, 1976, 750. Sulla base di una documentazione ampia e diversificata, Gentili sostiene che κλίνω ἐν + dativo non può avere in Archiloco altro valore che quello del 'distendere, allungare': di qui l'impossibilità di essere 'disteso sulla lancia', e la necessità di interpretare δόρυ come 'legno della nave'. Il fatto che i medesimi temi connessi fra loro — il vino e la nave — ricorrano in entrambi i frammenti e la testimonianza di Sinesio, che cita il fr. 1W = 1T, inducono Gentili a supporre l'appartenenza originaria dei due frammenti alla stessa composizione.
66) I diversi contributi sono discussi da Gentili e da Rankin 1972, che avanza interessanti proposte per una valutazione complessiva del frammento.
67) «In definitiva, il significante poetico è meno il termine di un rapporto che la manifestazione di una struttura: nella fattispecie di una struttura formale complessa costituita dall'organizzazione degli elementi fisici del linguaggio (suoni e timbri) e dallo sfruttamento intensivo delle possibilità virtuali interne al linguaggio (la sua capacità di produrre «ritmi» e comporre «figure»).»: S. Agosti, *Il testo poetico. Teorie e pratiche di analisi*, Milano 1972, 11. La citazione è tratta dall'iniziale saggio programmatico «I messaggi formali», 11-46.
68) «Meaning is not inherent in signs; it is our response to our own perception of signs. Meaning is a predicate of structure.»: Peabody 1975, 6.
69) Rossi 1965, 254.
70) Page 1964, 133.
71) Gentili 1976.
72) Page 1964, 133.
73) G.L. Beccaria, *L'autonomia del significante*, Torino 1975, 58 nota 98.
74) Parry, 1929.
75) Lord, 1948.
76) Parry distingue due tipi di enjambement: il cosiddetto unperiodic ha luogo quando «the verse...end(s) with a word group in such a way that the sentence, at the verse end, already gives a complete thought, although it goes on in the next verse, adding free ideas by new word groups»; il cosiddetto necessary ha luogo quando «the verse end...fall(s) at the end of a word group where there is not yet a whole thought, or it...fall(s) in the middle of a word group» (Parry 1929, 203 = 1971, 253). Non modificano nella sostanza le conclusioni di Parry gli arricchimenti introdotti dallo studio di Kirk (1966), utile soprattutto per una ulteriore chiara distinzione fra i vari tipi di enjambement: l'unperiodic enjambement di Parry viene denominato da Kirk «progressive enjamb(e)ment», mentre il necessary enjambement viene suddiviso in tre categorie, a seconda della sua forza: «periodic», «integral» e «violent» (quest'ultimo assai raro), cfr. Kirk 1966, 106-8 = 1976, 147-8.
77) D.L. Clayman-T.Van Nortwick, «Enjambement in Greek Hexameter Poetry», *TAPhA* 107, 1977, 85-92. In poche pagine i due studiosi, sulla base di metodi che paiono accurati e oggettivi, mostrano l'inattendibilità delle percentuali calcolate da Parry, e concludono che, per quanto sia possibile che la tradi-

zione poetica orale si sia sviluppata da forme sintatticamente semplici con scarsa incidenza di enjambement, il test sull'enjambement non è in grado di fornire la prova di ciò (91-2).
78) H. Barnes, «Enjambement and Oral Composition», *TAPhA* 109, 1979, 1-10.
79) Kirk 1966, 120-1 = 1976, 155-6.
80) Questa poca chiarezza si riflette, p.e., già nella definizione linguistica del fenomeno, e per quanto riguarda l'italiano essa risale molto indietro nel tempo: T. Tasso parla di «versi spezzati» o di «rompimenti di versi» (e in questo modo interessato dal fenomeno sarebbe soprattutto l'andamento del secondo verso), al contrario il trattatista e teorico A. Minturno sottolinea la funzione connettiva dell'enjambement come fenomeno operante al confine tra due versi («versi incatenati», «legamenti di versi» sono le sue definizioni). Non meno contraddittorie le definizioni correnti: enjambement, inarcatura, encabalgamiento, run on line sembrano riflettere una medesima considerazione del fenomeno, mentre ben diversi sono il tedesco Versbrechung e il francese rejet; anche l'uso, per l'italiano, di «spezzatura» (che è stato recentemente sostenuto da C. Di Girolamo) è molto meno tranquillizzante di quanto non sembri: è l'unità metrica a essere spezzata dalla continuità del senso, o viceversa è quest'ultimo a essere spezzato dalla conclusione dell'unità metrica? Cfr. in generale C. Di Gerolamo, *Teoria e prassi della versificazione*, Bologna 1976, soprattutto il capitolo «Metro e sintassi», 47-65.
81) A. Quilis, *Estructura del encabalgamiento en la metrica espanola,* Madrid 1964. Si tratta di uno studio insieme teorico e sperimentale che si caratterizza, oltre che per il ricorso a tecniche d'analisi fonica assai sofisticate, anche per il fatto che l'enjambement è studiato nella duplice prospettiva del verso «encabalgante» e di quello «encabalgado» (cfr. 86-7): di qui deriva la distinzione tra il processo dell'enjambement («desajuste que se produce en una pausa versal al no ser de ninguna manera pausa sintactica», 84), e il materiale linguistico che concretamente realizza l'enjambement, ciò che Quilis chiama «braquistiquio / antibraquistiquio» («rama corta del verso, que se encuentra aislado en su principio o en su final», 185).
82) Lord 1960, 127-8.
83) Jensen 1980, 82-9.
84) Kirk 1966, 114 = 1976, 153.
85) Rankin 1972, 471.
86) Gentili 1965, 129.
87) Romano 1974, 46-7.
88) Le due formule θοὴν ἐπὶ νῆα μέλαιναν e θοὴν διὰ νύκτα μέλαιναν si presentano dal punto di vista strutturale identiche: $\stackrel{a}{\cup} - / \stackrel{b}{\cup} \cup / \stackrel{N}{-} \cup / \stackrel{a}{\cup} - x$. La comunanza del modello strutturale, unita alla indifferente possibilità degli epiteti 'veloce' e 'nero' di applicarsi sia a 'nave' sia a 'notte' danno origine a un sistema cui a pieno diritto può appartenere anche la non testimoniata formula θοὴν διὰ νῆα μέλαιναν.
89) Queste le interpretazioni che dividono gli editori e i traduttori del frammento. Cfr. inoltre Garzya, 1958, 68-9; E. Degani, 1963, 85-6.
90) Sul κώθων cfr. R.M. Burrows-P.N. Ure, «Kothons and Vases of Allied Types», *JHS* 31, 1911, 72-99, in particolare 73; O. Brooner, «Excavations at

Isthmia. I», *Hesperia* 24, 1955, 133 n. 19 e pl. 52a; id. «Excavations at Isthmia. Fourth Campaign 1957-1958», *Hesperia* 28, 1959, 335 n. 9 e pl. 70 i. Sulla costante ambiguità della parola anche in epoca successiva si veda A. Leroy-Molinghen, «Du κώθων au βαυκάλιον», *Byzantion* 35, 1965, 208-20.
91) Kondoleon 1964, 55-6.
92) Chantraine 1968ss. II 478 s.v.; Frisk 1960ss. I 751-2 s.v.; Masson 1967, 42-4: Romano 1974, 74 e nota 10
93) O. Masson, *Les inscriptions chypriotes syllabiques*, Paris 1961, n. 318 § IV 2,V 1 e VII 1.
94) D.A. Amyx, «The Attic Stelai; Part III, Vases and Other Containers» *Hesperia* 27, 1958, 186-90.
95) Si tratta del medesimo procedimento di simbolizzazione per il quale l'affermazione o la negazione della valentía di un eroe è demandata all'affermazione o alla negazione della sua genealogia: cfr. Svenbro 1976, 34-5, 64-6.
96) *V.* sopra nota 2. Svenbro 1976, 31:«l'auditoire et la Muse sont en quelque sorte interchangeables. C'est uniquement en acceptant la superiorité de $\begin{cases} \text{l'auditoire} \\ \text{la Muse} \end{cases}$ que l'aède peut chanter».
97) Il valore politico dell'epiteto ξυνός attribuito da Archiloco a Ares (fr. 110W = 98T) è assicurato, ancor piú che dall'uso omerico (Σ 309), da Archiloco stesso: nel fr. 93aW = 120T ξυνός (v.7) si oppone paradigmaticamente a οἰκεῖος.
98) Garzya 1958, 70-1; Treu 23; Page 1964, 129-30; Gentili 1965, 132 nota 2.
99) Gentili 1969, in particolare 14ss.
100) Gentili 1965, 134.

II: UN GIORNO, DUE RAGAZZI A PARO...

> Jump over the wall and come to me,
> And I will give you every happiness.
> I will give you fruit from my garden,
> And to drink, water of Ganges.
> Jump over the wall and come to me,
> I will give you a bed of silk,
> And to cover you a fair, fine-woven cloth,
> Only jump over the wall and all delight shall be yours.
> (Lirica Gond contemporanea citata in Finnegan 1977,3).

1.0

Dalla pubblicazione dell'*Epodo* — evento certo non effimero negli studi della poesia greca arcaica — sono ormai passati alcuni anni, e solo ora pare smorzarsi la tempesta degli studi e dei contributi critici a esso dedicati. È perciò quasi con un senso di colpa che confesso che queste pagine sono anch'esse una analisi dell'*Epodo*. Tutto forse è già stato detto (e forse anche il suo contrario), ma proprio questo placarsi della polemica, che non è detto non sia solo apparente, permette da un lato di cominciare a fare un bilancio degli studi già noti [1], dall'altro di avanzare alcune osservazioni e considerazioni d'ordine generale.

L'*Epodo* è oggi il piú cospicuo frammento a noi noto della produzione archilochea, e inevitabilmente le conclusioni che da esso si traggono influenzano la nostra valutazione complessiva di questa figura esuberante e vitalissima, ma in fondo anche ambigua e misteriosa. A partire dai 35 versi donatici dal caso e dalla perizia e scienza degli editori e di tanti altri studiosi è forse possibile inoltrarci ancora nei problemi affascinanti posti dal 'fare poesia' nella Grecia arcaica, come pure tentare una valutazione dell'uomo poeta Archiloco, al di fuori di tanti schemi forse un poco usurati.

All'analisi e all'interpretazione puntuale dell'*Epodo* è cosí prevalentemente dedicata questa seconda parte; il corpo centrale è però intersecato (spero non fastidiosamente) e integrato da alcuni paragrafi riguardanti i problemi piú generali dell'oral poetry, la biografia di Archiloco, il rapporto tra la sua poesia giambica e la realtà di un mondo la cui storia, ma soprattutto la cui vita ci sono ancora in larga parte ignote.

1.1

Alcune domande — in apparenza ovvie e banali — non hanno ancora ricevuto le risposte che meritano: che cosa è in definitiva l'*Epodo*? Come si colloca nella produzione archilochea, e piú in generale nel quadro della poesia arcaica? Per una serie di ragioni le risposte rischiano ancora una volta di essere evasive, oppure determinate da una concezione della serie letteraria anacronistica e inapplicabile alla poesia della Grecia arcaica. Occorre allora, a partire dall'analisi del testo, inquadrare l'*Epodo* in un contesto socioculturale ammissibile e accettabile, all'interno del quale sia possibile formulare risposte ad alcune fondamentali domande: chi? quando? dove? perché? Chi: Archiloco certamente, ma quale? quello delle veglie in armi, dei lamenti sui naufraghi o degli un poco violenti intenti sessuali? Quando, dove e perché: non si pretende certo di proporre un luogo, una data e un'ora, ma qualche ipotesi sul luogo fisico della performance, sulla composizione del pubblico e sulle ragioni per le quali esso si è riunito, occorrerà avanzarla.

Per questo assumeremo ancora la lingua dell'epos omerico come il veicolo di comunicazione piú comprensibile e indifferenziato, segno di un rapporto assai poco personalizzato tra cantore e pubblico; l'allontanarsi della dizione da quella epica, il suo specializzarsi e particolarizzarsi, varranno come indizi di un simile mutamento nel pubblico e nel rapporto poeta-auditorio.

Perché questa ipotesi interpretativa possa essere valida occorrerà eliminare da essa qualsiasi ombra di meccanicismo, particolarmente ora che ci apprestiamo ad affrontare una composizione, quale l'*Epodo*, a prima vista assai difficilmente paragonabile — per differenze nel metro e nella lingua — alle composizioni esametriche. Infatti all'interno del processo nel quale noi distinguiamo somiglianze e differenze, il cantore parla in realtà una lingua — quella della sua tradizione poetica — che adatta senza sforzo alle esigenze istantanee del cantare. Non affastella formule, né procede a complicate alchimie di meccanica trasformazione, bensí dai codici e dalle convenzioni comuni a sé e all'auditorio attinge il materiale dei suoi messaggi, con procedimenti non dissimili da quelli che conducono alla formazione dei messaggi linguistici usuali [2]: la natura e la forma specifica del messaggio dipendono perciò in larga parte dai codici, dal loro orientamento e dall'intenzione pragmatica; ma su questo si tornerà diffusamente in seguito (cfr. paragrafo 6.0.).

2.0.
L'*Epodo* rivela già a una prima lettura notevoli rapporti con il linguaggio dell'epos: innumerevoli paralleli sono stati scoperti tra i versi di Archiloco, i poemi omerici o esiodei, l'elegia e la lirica arcaica. Che esistano paralleli è un fatto del tutto naturale e di per sé assai poco significativo; piú utile può risultare sottoporre il frammento a un vero e proprio test formulare [3] dal quale possa apparire il grado di stilizzazione del frammento.

Esistono oggettive difficoltà alla realizzazione di questo test, innanzitutto la brevità dell'*Epodo*, l'impossibilità di disporre di tutta l'opera (o almeno di una parte significativa di questa) del cantore [4], la difformità e l'arbitrarietà dei testi che verranno usati come paragone, la forma metrica non sempre confrontabile con i testi di riferimento. I risultati sembrano però di tale chiarezza da far ritenere ugualmente valido il test.

In questa fase del lavoro sembra opportuno adottare la definizione di 'formula' proposta da Parry [5], tenendo conto delle precisazioni fatte da Lord e dagli altri studiosi che si richiamano ai fondatori della teoria formulare, secondo il sintetico quadro d'insieme dato da Pavese [6]; non si tiene per ora conto delle proposte avanzate da M.N. Nagler e B. Peabody [7].

2.1.

    v. 1. πάμπαν ἀποσχόμενος / [5]   = A.

È opportuno studiare questa espressione assieme alle altre affini che ricorrono nel frammento:

    v.27 σπουδῇ ἐπειγόμενος / [5]   = B,
    v.31 δείματι παυσαμένην / [5]   = C,
    v.34 (trim)...ἀμφαφώμενος // [5]   = D.

Elemento comune a tutte è la desinenza participiale -μενος e la sua posizione rispetto all'unità sintattica e metrica [8]. Comune a A, B e C è il tipo di verso (dattilico) in cui ricorrono; infine comune a B e C è il fatto che il participio medio è preceduto da un sostantivo al dativo; questo ha valore di complemento di modo e perciò come l'avverbio modifica l'azione espressa dal verbo: da un punto di vista sintattico A, B e C non differiscono che assai superficialmente.

Le forme di participio medio contenute in A, B e C sono espressioni formulari rientranti in un tipo identificato da Giannini [9] e assai diffuso nell'epica e nell'elegia. Esso è costituito appunto da una forma di participio medio di 4 o 5 sillabe, posto in fine di hemiepes, ove la desinenza del participio funge da elemento fisso. Tra i numerosi paralleli adducibili sono particolarmente interessanti:

    Thgn. 1051 μήποτ'ἐπειγόμενος / [5].
    Thgn. 1274 ἦκά γ'ἐνωρμίσθην νυκτὸς ἐπειγόμενος / [5].
    Hippon.*115,4W = Archil. °193,2T κύματι πλαζόμενος / [5].
    Archil. 271W = 37T ἐγχυτὶ κεχαρμένος // [5](l'avverbio non solo funzionalmente, ma anche da un punto di vista fonico e formale è assai simile a un dativo).
    Tyrt. 19,9W...χερσὶν ἀνασχόμενοι / [5].

Per quanto riguarda D, l'analisi dei casi in cui ricorrono forme di participio medio nei trimetri di Archiloco, Semonide, Solone e Ipponatte permette di concludere che anche in questo caso il participio medio, in modo analogo a quanto avviene nell'epica e nell'elegia, costituisce una espressione formulare. Infatti:
in Archiloco su 10 part. medi, 9 sono in fine di verso;

in Semonide su 16 part. medi, 15 sono in fine di verso;
in Solone su 4 part. medi, 4 sono in fine di verso;
in Ipponatte su 2 part. medi, nessuno è in fine di verso [10] / .
Notiamo ancora che al v. 35 μένος / [5] si trova nella stessa posizione della omofona desinenza participiale: lo stesso significante, pur veicolando un significato affatto diverso, viene attratto nella stessa posizione che esso privilegia come desinenza di participio medio; un'attrazione del tutto fonetica, illuminante la forza e l'utilità della schematizzazione delle collocazioni metriche possibili.

v. 2 εἰ δ'ὦν ἐπείγεαι καί σε θυμὸς ἰθύει
Il trimetro ha suscitato molte perplessità per l'uso di ἰθύω transitivo [11]/. L'uso apparentemente abnorme può forse essere spiegato proprio grazie al materiale offerto dalla tradizione epica. Per prima cosa la costruzione non presenterebbe alcuna difficoltà se in luogo di ἰθύω avessimo ἰθύνω [12]/; la vicinanza fonetica tra ἰθύω e ἰθύνω, unita alla tendenza di quest'ultimo a collocarsi a fine verso [13]/, hanno guidato il cantore a usare nel suo trimetro ἰθύει, in un nesso sintatticamente inusuale. Inoltre h.Merc. 475 fornisce un parallelo assai significativo per comprendere meglio i particolari della tecnica compositiva formulare: ἀλλ'ἐπεὶ οὖν τοι θυμὸς ἐπιθύει κιθαρίζειν. Sono comuni non solo alcuni elementi lessicali (θυμός, - ιθυ -) e una struttura sintattica affine, ma anche il gruppo di fonemi /epei/, che in Archiloco è parte di una forma verbale, nell'*Inno* è congiunzione: nell'uno e nell'altro caso /epei/ è preceduto o seguito immediatamente da ὦν   οὖν, semanticamente identici, e distinti sul piano fonico solo dal tratto della maggiore o minore apertura.

v.3 a) ἔστιν ἐν ἡμετέρου / [5]
È espressione formulare di un tipo assai diffuso nei poemi omerici, in cui l'elemento fisso è dato da ἡμετέρου/ῳ in fine di hemiepes preceduto da preposizione [14]/; nell'elegia la fine dell'hemiepes è posizione privilegiata per le forme di ἡμέτερος [15]/.

b) ἢ νῦν μέγ'ἱμείρε[ι

Il nesso ha molte affinità con il tetrametro Archil. 89,5W = 99,5T: οἳ μέγ'ἱμείροντες; il contesto, pur differente, non è forse privo di significato per la determinazione del rapporto con il pubblico [16]. A sua volta l'associazione lessicale ἱμειρ-/γαμ-(secondo l'integrazione dei primi editori) è presente nella formula ἱμερόεντα γάμον (Hes. fr.37,6 M-W; 211,6 M-W e Thgn. 1293) o nel piú ampio ἱμερόεντα...ἔργα γάμοιο (p.e. E 429). L'associazione è tradizionale, e il differente impiego dei vari elementi ne permette l'uso sia nell'esametro sia nel trimetro.

v.4 καλὴ τέρεινα παρθένος

L'associazione è presente in Hippon. 119W εἴ μοι γένοιτο παρθένος καλή τε καὶ τέρεινα (e forse il sistema delle associazioni può essere chiuso e rinsaldato da Archil. 118W = 111T εἰ γὰρ ὣς ἐμοὶ γένοιτο χεῖρα Νεοβούλης θιγεῖν). Notiamo ancora — e ciò è forse piú importante — che l'aggettivo καλή si colloca nell'epos prevalentemente all'inizio di verso, e che in questa posizione costituisce l'elemento fisso di un tipo formulare assai diffuso, caratterizzato da καλός + aggettivo / [5], con enjambement con il verso precedente: qui la situazione è simile. È da rilevare ancora che παρθένος qui e παρθένον al v.28 occupano la stessa posizione all'interno del trimetro: è un significativo indice di simmetria e schematizzazione all'interno del frammento stesso.

v.5 a) εἶδος ἄμωμον ἔχειν / [5]   = A

Anche in questo caso è necessario esaminare l'espressione con le altre affini che ricorrono nel testo:

v. 8 ...γῆ κατ'εὐρώεσσ'ἔχει //   = B
v.22...γυναῖκα τοιαύτην ἔχων //   = C
v.30...αὐχέν'ἀγκάλῃσ'ἔχων //   = D

Elementi comuni a tutte sono: 1) la presenza di una forma del verbo ἔχω della misura ∪ — (se grammaticalmente si hanno tre tipi di forme, da un punto di vista fonico si possono ri-

durre a due tipi fondamentali); 2) la stessa collocazione della forma di ἔχω rispetto sia all'unità sintattica sia a quella ritmica: in entrambi i casi essa è a conclusione; 3) il numero di unità significative. Elemento comune a B, C e D è il tipo di verso (trimetro giambico) in cui le forme di ἔχω si trovano; la prima (A) è in un hemiepes. Elemento comune a A e C è la struttura sintattica: sost. + agg. + verbo.
          compl. dir.

A rientra perfettamente in un tipo formulare isolato da Giannini [17]/ nell'epica e nell'elegia e caratterizzato da una forma del verbo ἔχω della misura ⏑ — in fine di hemiepes, preceduta da un sostantivo e un aggettivo tra loro concordati in funzione di complemento oggetto. C ha tutte le caratteristiche per rientrare nello stesso tipo, con l'eccezione di essere inserita in un trimetro. Analogamente B, se non fosse per il metro, rientrerebbe in un altro tipo formulare isolato da Giannini [18]/, simile in tutto al precedente tranne che nella funzione, qui di soggetto, della coppia sostantivo + aggettivo precedente il verbo ἔχω. Anche D, se non per il metro, rientra in un tipo formulare simile ai precedenti, da aggiungere a quelli isolati da Giannini e che, diffuso nell'epica e nell'elegia, ha come tratto specifico la seguente struttura sintattica:

sost. + sostantivo + verbo: A 45 τόξ' ὤμοισιν ἔχων / [5]
ogg.   compl. ind.   Π 752 οἷμα λέοντος ἔχων / [5].

Quanto visto sinora potrebbe far concludere che l'uso di una forma del verbo ἔχω della misura ⏑ — in una posizione metricamente rilevante del verso (posizione 5 in sistemi dattilici, fine verso in sistemi giambici) è fatto specifico della forma stessa, indipendentemente dal contesto formulare in cui si inserisce come elemento fisso. Ciò fa sí che un tale uso della forma ἔχω si ponga, oltre che come elemento comune di un ampio sistema formulare, anche come elemento cardine nella strategia della produzione poetica. Confermano questa prima conclusione il fatto che tale forma ricorre in tale posizione: a) anche a prescindere da nessi classificabili come formule; b) anche in espressioni formulari diversamente caratterizzate rispetto a quelle viste [19]/. Relativamente all'*Epodo* tutto ciò appare chiaro dallo schema seguente:

(υ) υ —	— —	(υ —) υ υ —
v.5 ἔχειν = A v.8 ἔχει = B v.21 (ἄπ)εχε v.22 ἔχων = C v.30 ἔχων = D	v.15 σχήσω	v.17 ἐχέτω v.1 (ἀπο)σχόμενος

fin. trim.	fin. hem.	iniz. dim
v.8 ἔχει = B v.22 ἔχων = C v.30 ἔχων = D	v.1 ἀποσχόμενος v.15 ἔχειν = A v.17 ἐχέτω v.21 ἄπεχε	v.15 σχήσω

Per quanto riguarda B, C e D, un'analisi delle ricorrenze di forme di ἔχω di misura υ — nei versi giambici di Archiloco, Semonide, Ipponatte e (Solone) permette di superare le difficoltà poste dal tratto distintivo a esse peculiare (il tipo di verso) e di riconoscere definitivamente che: a) la fine di verso (o altra posizione metricamente notevole [20]/) costituisce la posizione privilegiata di forme di ἔχω di misura υ — (v. lo schema qui sotto); b) esistono nei giambi tipi formulari incentrati su ἔχω analoghi a quelli esistenti nell'epica e nell'elegia, dei quali il piú usuale è quello in cui a partire dall'incisione B o C1 si succedono:
acc. (sost./agg.) + verbo //; cfr. Archil. 23,20W = (54,20T); 187W = 189T; Semon. 7, 11W; 7,20W; Hippon. 118aW; Archil. 106, 3W = 92,3T (tetr.) οὐρίην δ'ἔχε //; 128,7W = 105,7T (tetr.) ἀνθρώπους ἔχει //.

Forme di ἔχω di misura ◡ —	Tipo di verso	Posizione (f.v. = fine di verso)
Archiloco		
91,12W = 89,12T	trocaico (tetr.)	f.v.
91,15W = 89,15T	trocaico (tetr.)	f.v.
93,6W = 120,5T	trocaico (tetr.)	altra posizione
106,3W = 92,3T	trocaico (tetr.)	f.v.
128,7W = 105,7T	trocaico (tetr.)	f.v.
140,1W = 126,1T	trocaico (tetr.)	f.v.(?)
140,6W = 129,6T	trocaico (tetr.)	f.v.
142,4W = 131,4T	trocaico (tetr.)	f.v.
142,15W = 131,15T	trocaico (tetr.)	f.v.
23,20W = (54,20T)	giambico (trim.)	f.v.
187W = 189T	giambico (trim.)	f.v.
234W = 195T	giambico (trim.)	altra posizione
Semonide		
1,1W	giambico (trim.)	altra posizione
7,11W	giambico (trim.)	f.v.
7,20W	giambico (trim.)	f.v.
7,42W	giambico (trim.)	f.v.
Ipponatte		
60W	giambico (trim.)	altra posizione
118aW	giambico (trim.)	f.v.

v.5 b) ποιή[σαι e v.25 ποιεῖται

I verbi occupano la stessa posizione all'interno di un dimetro e hanno paralleli significativi in Semon. 7,1W ἐποίησεν νόον //; 7,25W ποιήσῃ θεός //; 7,62W ποιεῖται φίλον //; e inoltre in Archil. 93 a, 7W = 120, 6T (tetr.) ξυν'ἐποίησαν κακά //.

Dall'analisi comparativa di queste espressioni sembra sia

lecito concludere per l'esistenza di due schematizzazioni articolate rispettivamente intorno a forme con e senza aumento di ποιέω:

     —   ⌣ — — —   ⌣ — ;   — — —   ⌣ —
a) sost./agg. + verbo + sost./agg.; b) verbo + sost./agg.
In particolare, ove compaiono sostantivo e aggettivo, questi sono connessi, mentre ove compaiono due sostantivi, questi svolgono rispettivamente le funzioni di soggetto e complemento oggetto.

    v.6 τοσαῦτ 'ἐφώνει   e v.28 τοσαῦτ 'ἐφώνεον
I nessi hanno lo stesso significato, la stessa struttura sintattica, la stessa funzione e occupano la stessa posizione all'interno di un trimetro. Differiscono soltanto per la coniugazione e pertanto sono la stessa formula: una formula fissa [21]/.

    v.7 θύγατερ / [5]
È questa una delle posizioni privilegiate di θυγάτηρ in Omero; es.: E 348 εἶκε Διὸς θύγατερ / [5], ζ 196, θ 464, τ 406, h.Hom.XXIX 13.

    v.9 a) πολλαί   e inoltre v.13 πολλόν, v.23 πολλόν, v.25 πολλούς.
Gli aggettivi si trovano sempre nella stessa posizione all'interno di un dimetro (ma vedi anche qui sotto).
    b) νέοισιν ἀνθράσιν
Nelle composizioni archilochee ἀνδράσι compare in tutto 5 volte, compresa questa. Quattro volte è alla fine di un verso (25,7W = 55,8T; 134W = 103T; 122,16W = 115,16T), una, in un tetrametro, all'inizio (122,6W = 114,6T). Ciò assume un ulteriore significato in relazione al fatto che nell'epica (e in misura minore nell'elegia) ἀνδράσι ha una posizione estremamente privilegiata: l'inizio del verso e il quarto piede. In queste due posizioni forma, insieme a un aggettivo esteso per 4 (cfr. p.e. M 41) o piú sovente 5 sillabe che lo segue, un tipo formulare che occupa sempre un segmento significativo di verso. Piú in particolare si può osservare che all'inizio

dell'esametro il nesso formulare si estende fino all'incisione 3 tr, mentre nella seconda metà del verso l'espressione prende inizio, mediante l'introduzione di una particella connettiva o di una preposizione, della medesima incisione 3tr. Esiste poi un'altra serie di casi in cui ἀνδράσι è seguito non da un aggettivo, ma da un'altra funzione del discorso, grammaticalmente connessa ma non concordante: in questi casi l'espressione è solitamente estesa fino all'incisione 3lg (es. I 327) o fino alla fine del verso. Ciò induce a alcune considerazioni: la prima è che la collocazione di ἀνδράσι è fissa di per sé, anche a prescindere dagli elementi che lo seguono; ἀνδράσι tende poi a strutturarsi in un nesso piuttosto ingombrante che occupa all'incirca una delle due metà dell'esametro. A questo punto tutto il nesso contenuto nel dimetro trova una spiegazione all'interno della tecnica formulare: πολλαί — all'inizio del dimetro e in enjambement (e queste sono le modalità del suo impiego piú spesso attestate nell'epos [22]/) — interviene a completare metricamente l'espressione formulare ἀνδράσι + aggettivo, nella quale l'ordine invertito rispetto all'epos rientra in una tipica schematizzazione del nesso nella poesia giambico-trocaica.

v.13 πείσομαι ὥς με κέλεαι / [5]

La natura interamente formulare dell'hemiepes appare chiara qualora si tengano presenti due serie di espressioni formulari: da un lato quelle rientranti in un tipo assai diffuso costituito da una forma di futuro medio in prima persona di 4 o 5 sillabe più l'elemento fisso ὡς σὺ κελεύεις:

ἀρέσσομαι
ὑποδέξομαι   ὡς σὺ κελεύεις / [12], cfr. θ 402,
ὑπίσχομαι

h.Cer. 226, θ 347. Dall'altro i nessi in cui compare bisillabico κέλεαι, da κέλομαι semanticamente equivalente e intercambiabile con κελεύω, ma metricamente meno esteso e di piú facile uso all'interno del verso (non provoca infatti lo spondeo). Nel tipo formulare preso in considerazione rientra Ψ 96 πείσομαι ὡς σὺ κελεύεις rispetto al quale l'hemiepes del v.13 costituisce una semplice dislocazione ottenuta proprio grazie alla diversa natura metrica di κέλεαι rispetto a κελεύεις. Gli esempi omerici dell'uso di κέλεαι (cfr.p.e. M 235: pos. 3, A 74: pos. 5,A 134: pos.7, ε 98: pos. 11) sembrano indicare una sorta di 'non specializzazione' del verbo, che non ha una posizione privilegiata all'interno del verso: notevoli la costante associazione con il pronome μέ e il nesso Ω 433s. ....οὐδέ με πείσεις / ὅς με κέλεαι.

v.15 a) μή τι μέγαιρε φίλη / [5]
Si tratta di una espressione formulare dislocata e estesa con φίλη. Rientra infatti in un tipo omerico caratterizzato da μεγαίρω in fine di verso, preceduto da negazione + τί/δέ (cfr.p.e. H408, Λ 54, β 235, γ 55, θ 206, h.Merc. 465, Or. ap. Hdt.1,66 = 31 P-W, cfr. ancora Sol. 20,2W μηδὲ μέγαιρ'(ε) [3].

b) σχήσω γάρ
σχήσω compare solo due volte nell'*Iliade* in P 182 e Ω 670 dove, come nel nostro caso, è seguito da γάρ. Inoltre γάρ compare ancora due volte nell'*Epodo* ai vv. 19 e 24, e è in questa posizione.

v.16 δὴ νῦν γνῶθι
νῦν occupa il secondo anceps, nel frammento ritorna altre due volte ai vv. 3 e 8: al v. 8 occupa la stessa posizione. L'intera espressione può essere confrontata con Archil. 89, 17W = 99,17T γνῶθί νυν e 113,9W = 150,12T ἴσθί νυν[23]/.

v.17 ἄλλος ἀνὴρ ἐχέτω / [5]
L'hemiepes costituisce un'espressione formulare rientrante nel tipo epico e elegiaco caratterizzato da ἀνήρ in posizione 3, preceduto da un aggettivo, seguito da un'altra parola, solitamente un verbo, in fine di hemiepes. Es: Thgn. 1034 θνητὸς ἀνὴρ προφύγοι / [5];Thgn. 262 ἄλλος ἀνὴρ κάλ'ἔχει / [5]. Il nesso presenta inoltre notevoli affinità con Tyrt. 11,4W ἀσπίδ'ἀνὴρ ἐχέτω / [5] espressione formulare simile alle precedenti, in cui ἀνήρ è nella stessa posizione, però preceduto da un sostantivo con funzioni di complemento diretto.

v.19 (καὶ χάρις) ἢ πρὶν ἐπῆν / [5]
Si può confrontare con E 127 ...ἢ πρὶν ἐπῆεν / [12], dove la formula, grazie alla forma verbale non contratta, conclude l'esametro. La contrazione permette lo spostamento alla chiusa dell'hemiepes, con una compressione di tutto il nesso.

v.20 ἥβης δὲ μέτρ'ἔφηνε
Si tratta a mio parere di una espressione formulare rientrante in un unico tipo insieme alla formula fissa λ 317 εἰ ἥβης μέτρον ἵκοντο / [12], σ 217 καὶ ἥβης μέτρον ἱκάνεις / [12]. L'inserimento del δέ permette la scansione giambica. Inoltre anche l'hemiepes μέτρ'ἥβης τελέσαντ' / [5] in Thgn. 1326 sembra rientrare nella medesima serie.

v.23 γείτοσι χάρμ'ἔσομαι / [5]
Costituisce un'espressione formulare rientrante nel tipo epico e elegiaco caratterizzato dal futuro di εἰμί alla prima e terza persona in fine di hemiepes. Es. Thgn. 872 καὶ μέγα πῆμ'ἔσομαι / [5], Sol. 4c,4W ἄρτια ταῦτ' ἔσεται / [5].

v.27 τὼς ὥσπερ ἡ κύων τέκω e v. 31 τὼς ὥστε νεβρ[
Notevole è la simmetria fra le due espressioni.

3.0.
Quanto detto al paragrafo precedente rassicura circa i rapporti tra il linguaggio dell'*Epodo* e quello dell'epos, visto come la forma poetica orale piú diffusa e testimoniata. Permette anche di avanzare qualche ipotesi sui procedimenti e sui meccanismi disponibili al poeta per produrre espressioni e formule nelle diverse forme metriche. Qualcosa di piú può essere ricavato da una rilettura del v. 8:
γυναικός, ἣν νῦν γῆ κατ'εὐρώεσσ'ἔ [χει (papiro: γυναικος·).
Innanzitutto la cesura del trimetro: occorre escludere sia quella dopo il secondo anceps (B) poiché, in violazione alla cosiddetta legge di Perrotta, alla cesura seguirebbe un monosillabo [24]/, sia una cesura mediana dopo γῆ estranea alla prassi dei giambografi arcaici. Restano due possibilità: o cesura dopo il

secondo breve (C1), o dopo il primo breve (A2), cesura quest'ultima piuttosto rara, ma non rarissima [25]/, di cui si ha un sicuro esempio in Semon. 10W (*pace* West). La seconda, per quanto un poco eccezionale, mi pare piú probabile qualora si tenga presente il rapporto tra struttura metrica e valore semantico del verso. I vv. 7-8 sono infatti interamente occupati da un'ampia apostrofe del narratore all'interlocutrice designata attraverso la menzione della madre: a tre diversi blocchi logici («figlia di Amfimedò» = rapporto tra Amfimedò e la persona apostrofata / «donna nobile (e saggia, Bossi)» = qualificazione di Amfimedò / «che ora l'umida terra trattiene» = situazione di Amfimedò) corrispondono tre diversi blocchi metrici: hem. / dim. ia. + x — ᴗ / — x — ᴗ — x — ᴗ — //.

La cesura si colloca perciò dopo la parola in enjambement e prima di un ulteriore assai compatto blocco verbale [26]/. Enjambement, cesura A2 e compattezza del nesso seguente sono in questo caso le tre componenti che appaiono interagire nella prassi compositiva del cantore orale. Tradizionali, e saldamente attestate, sono tutte le tessere che contribuiscono alla formazione dei vv. 7 e 8: l'apostrofe iniziale è costruita come simili e frequenti formule allocutorie epiche — ovviamente data la particolarità della composizione si può parlare solo di formule metricamente equivalenti (p.e. A 414, 552), contenenti l'elemento distintivo e funzionale comune (p.e. α 52, θ 464), esprimenti il medesimo valore logico (p.e. *h.Hom.* XXIX 13). La seconda parte del v. 8 pare a sua volta collegabile a un verso epico del tipo ὡς φάτο, τοὺς δ'ἤδη κάτεχεν φυσίζοος αἶα (Γ 243), risultante dall'unione di due parti formulari, la prima occupante il primo dattilo, la seconda il resto del verso.

3.1.

Si delinea cosí la possibilità di fissare, da un punto di vista semplicemente descrittivo, i rapporti esistenti tra il sistema formulare epico e il linguaggio della lirica, inteso non come insieme di unità irripetibili, ma sistema a alta schematizzazione, possibile oggetto di classificazione e analisi morfologica. Evidenti sono le ragioni di tale schematizzazione, se pensiamo che anche in Grecia le performances di canti brevi di tipo lirico consegnavano i canti stessi alla memoria della collettività o del gruppo degli ascoltatori, che potevano riprenderli e ripeterli, in forma identica o modificata, in altre simili occasioni [27]. La schematizzazione e l'uso di una qualche sorta di formularità permettono da un lato l'immediata comprensione e accettazione del pezzo, dall'altra forniscono gli strumenti per la sua conservazione, strumenti tanto più necessari, quanto la natura del canto si fa particolare, espressione soggettiva etc.

L'esistenza sincronica delle diverse forme poetiche, e la più che probabile abitudine e capacità dei poeti di comporre canti assai diversi, è causa di quella somiglianza e corrispondenza tra formule e nessi, appartenenti a 'generi' in apparenza assai diversi, che abbiamo appena constatato nell'*Epodo*, e che gli antichi già affermavano. Alcuni frammenti dell''omericissimo' Archiloco ci sono stati tramandati proprio connessi dagli antichi con versi della tradizione omerica. E così il P. Hib.2,173 ricorda, tra gli altri, il fr. 220W = 84T: [......(.)]. ἐμοὶ τόθ' ἥδε γῆ χ[άνοι υ — (Lass.), parallelo a Δ 182 ὥς ποτέ τις ἐρέει· τότε μοι χάνοι εὐρεῖα χθών. La formulazione giambica, in questo caso come pure per il v. 8 e in generale tutto l'*Epodo*, sembra differenziarsi da quella epica secondo un processo così schematizzabile:
a) modifica linguistico dialettale (cfr. quanto detto a proposito dell'hemiepes al v. 19);
b) trasposizione delle parole;
c) modifica dell'aggettivo;
d) modifica eventuale di elementi funzionali e significativi.

Limitando per ora l'osservazione alle sole composizioni archilochee in trimetri giambici, o che contengono trimetri, un tale processo è osservabile in un gran numero di casi [28]; p. e. in rapporto ai vv. 29-30 dell'*Epodo* (hem / ἔκλινα μαλθακῇ δ[έ μιν] // χλαί[ν]ῃ καλύψας / — υ — x — υ — //) troviamo *h.Ven.* 183 ἄψ δ'αὖτις χλαίνῃ τε καλύψατο καλὰ πρόσωπα. Immediatamente paragonabili sono il nesso epico χλαίνῃ τε καλύψατο chiuso tra la cesura 21g e la dieresi 4bc e il nesso giambico χλαίνῃ καλύψας esteso dall'inizio del verso alla cesura B. Se ampliamo il confronto alle due espressioni nel loro complesso, restano apparentemente non paragonabili solo l'elemento connettivo ἄψ δ'αὖτις (limitato dalla cesura 21g) che apre il verso dell'*Inno*, e la voce verbale ἔκλινα (x — υ) — assai importante al livello semantico della narrazione — che inizia la parte giambica dell'asinarteto archilocheo. A ἔκλινα segue una pausa, indicata anche dal segno d'interpunzione registrato sul papiro: la forma verbale risulta quindi sintatticamente e logicamente — ma non metricamente — isolata rispetto a quanto segue. Pertanto ἔκλινα, in molti modi legato al precedente hemiepes, svolge pure un'importante funzione connettiva all'interno dell'asinarteto. Tutto il nesso dei vv. 29-30 si articola dunque secondo lo schema generale x — υ / — x — υ — // x — υ — x / esteso dall'inizio del dimetro fino alla cesura B del trimetro: il dimetro a sua volta privato dell'elemento connettivo x — υ, si può ridurre alla seconda parte di un trimetro a iniziare dalla cesura C1.

Passiamo al fr. 23W = 54T di Archiloco: v.10 ἐμοὶ μελήσει· [θ]υμὸν ἴλ[α]ον τίθεο. Il verso è raffrontabile con I 639: ἄλλα τε πόλλ'ἐπὶ τῇσι· σὺ δ'ἵλαον ἔνθεο θυμόν. In Omero la formula inizia dopo la cesura 3tr e si estende fino alla fine del verso. In Archiloco la ripresa avviene a partire dalla cesura B: ancora una volta osserviamo il corrispondere tra un blocco metrico epico e uno giambico.

Il fr. 37W = 34T τοῖον γὰρ αὐλὴν ἕρκος ἀμφιδέδρομεν a sua volta ricorda I 476 ῥήξας ἐξῆλθον καὶ ὑπέρθορον ἑρκίον αὐλῆς ove, dopo il nesso spondaico in enjambement, osserviamo una cesura 31g, il verbo, la dieresi 4bc e infine il nesso ἑρκίον αὐλῆς. Nel frammento archilocheo le cose non vanno diversamente: all'elemento x — υ / già visto, segue il nesso αὐλὴν ἕρκος — ove rispetto alla formulazione epica notiamo anche un mutamento di rapporto sintattico —, la cesura C1 e infine il verbo che conclude il verso.

Infine il fr. 217W = 37T χαίτην ἀπ'ὤμων ἐγκυτὶ κεκαρμένος

forse collegabile a espressioni quali ω 46 δάκρυα θερμὰ χέον Δαναοὶ κείραντό τε χαίτας. Qui i componenti della formula epica iniziante dalla cesura 41g vengono utilizzati con modificazioni sintattiche in due blocchi metrici distinti, separati dal nesso ἀπ' ὤμων ἐγκυτί chiuso tra le cesure A1 e C2 [29]/.

3.2.

A fronte del possibile moltiplicarsi degli esempi, si delineano alcune conclusioni, sia pur parziali: innanzitutto che il legame organico esistente tra formule epiche e nessi giambici è soggetto a alcune regole generali di trasformazione (del livello reale a cui operano queste regole si parlerà in seguito). Queste regole possono essere diverse da quelle appena proposte, ma certamente ci sono e sono paragonabili a quelle enunciate da Pavese relativamente all'epica rapsodica [30]/. Fondamentale sembra anche in questo caso (v. sopra I 4.2.) l'abbandono dell'epiteto fisso: questo risponde a una necessità intrinseca alla poesia epica, tesa a descrivere «il mondo quale esso è generalmente, e non nel particolare momento in cui ha luogo l'azione raccontata» [31]/. Perciò l'esistenza di un epiteto dotato di una simile funzione è indifferente e talvolta contrastante con una forma poetica piú personalizzata e condizionata da esigenze contingenti, quale la poesia dei canti brevi in metro giambico: la sua eliminazione permette sia le modificazioni necessarie da un punto di vista metrico, sia l'inserimento di altri epiteti non piú generici, bensí specifici. Per es. nel fr. 220W = 84T al generico epiteto della terra (εὐρεῖα) del verso omerico (Δ 182) subentra il dimostrativo e fortemente caratterizzante ἥδε, che sembra sottintendere un gesto del poeta. E ancora: le formule epiche appaiono limitate da una pausa metrica [32]/, lo stesso accade per le espressioni giambiche connesse. Esiste infine una unità giambica (x — υ) assai usata all'inizio del verso, e nel caso dell'*Epodo* della parte giambica del verso asinarteto [33]/, con funzioni sovente di collegamento sia con quanto precede (enjambement), sia in direzione di quanto segue. Si rivela, a mio parere, una supremazia, intrinseca al processo compositivo, della fraseologia sulla metrica: le unità frastiche (non necessariamente formule, ma sovente tali) precedono e formano le unità metriche, e il metro (trimetro, dimetro etc.) è soprattutto un utile sistema di regolarizzazione e generalizzazione delle unità frastiche, tuttavia capace di sviluppi autonomi, che possono a loro volta anche condizionare la fraseologia [34]. (Il cosiddetto trimetro, o qualsiasi altro verso della poesia arcaica, è prima di ogni altra cosa una *Dichtersprache*, e come tale si comporta. Naturalmente il primo trimetro inizia immediatamente a influire sulla lingua poetica che lo genera: i processi non funzionano mai in una sola direzione).

Questo legame, che l'osservazione sincronica e la comparazione ci permettono di accertare, tra fraseologia epica e giambica conferma ulteriormente l'ipotesi di una stratificazione della dizione poetica, e fornisce una chiave per comprendere attraverso quali mezzi il poeta orale arcaico, esecutore /compositore di canti brevi e fortemente caratterizzati dalle circostanze viventi, poteva essere certo sia dell'immediata ricezione del proprio canto da parte di destinatari di volta in volta diversi, sia della ripetizione sufficientemente fedele e della comprensione dei propri canti di successo in altri contesti.

4.0.
Alcuni gravi rischi sono impliciti nel quadro sin qui delineato. Tra essi soprattutto la possibilità latente di giungere a assurde conclusioni in merito ai processi attraverso i quali un poeta orale 'fa' la sua poesia. Molto semplicemente, è assurdo ritenere che l'uso conscio o inconscio di un sistema chiuso e rigido di formule — tessere a incastro di un enorme e fantastico puzzle — possa dar luogo a poemi simili a quelli di Omero, o a canti lirici, o a qualsiasi altro prodotto poetico. I computers sono certamente utilissimi — e probabilmente necessari — per lo studio della poesia orale, ma non diventeranno mai poeti orali essi stessi, né buoni né cattivi. E questo non perché a essi manchi un qualche divino afflato poetico, ma perché lo stadio tecnologico cui siamo giunti permette loro di

compiere innumerevoli e predeterminate operazioni, ma solo a partire da una serie chiusa di dati; e questi dati possono essere al massimo un repertorio, ampio fin che si vuole, di formule e nessi formulari appartenenti allo strato piú superficiale della lingua poetica orale. Ma a questo livello non si genera né il canto né la lingua poetica che lo sostiene.
Secondo la descrizione che Lord [35]/ fa dell'apprendistato poetico dei cantori jugoslavi, in nessun modo l'aspirante poeta si impegna nella procustea fatica di imparare a memoria qualche decina di migliaia di formule già confezionate: tutto ciò che egli fa è ascoltare gli altri cantori e tentare di ripetere quanto ha sentito. Ciò non significa che le formule non esistano, e che il cantore non ne faccia uso, anzi è esattamente il contrario — e Lord è soltanto ambiguo (non in errore) quando ad es. sostiene che «in this second stage in his apprenticeship the young singer must learn enough of these formulas to sing a song»[36]/. L'ambiguità risiede nel fatto che Lord non dice chiaramente che questa constatazione non promana direttamente dalla coscienza che il cantore ha di se stesso, ma dalle deduzioni di chi dall'esterno studia i risultati dell'attività dei cantori [37]/.

Il concetto stesso di formula, intesa in modo tradizionale e rigido, è, per quanto paradossale possa sembrare, estraneo a qualsiasi cantore veramente orale, come anche al suo auditorio, se appartenente a una società di cultura orale. L'esistenza cosciente di una formula deriva dalla possibilità di confrontare tra loro centinaia o migliaia di versi, appartenenti a canti e poemi diversi, che solo la registrazione scritta o magnetica può mettere a disposizione del ricercatore. Il processo in cui invece è coinvolto l'ascoltatore di una composizione orale (e anche il poeta che all'inizio è sempre un'ascoltatore) è sostanzialmente diverso; egli si trova in una condizione paragonabile a quella di un lettore che si veda svanire la riga che ha appena terminato di leggere, e contemporaneamente apparire la successiva [38]/. Qui il confronto paziente e la statistica non sono possibili, e ciò che resta all'ascoltatore attento, o a quel particolare lettore, è una sintesi memoriale di quanto precedentemente letto [39]. In questa sintesi memoriale tutto o quasi è potenzialmente presente (suoni, ritmi, parole, contenuti etc.) e forse la differenza fondamentale tra un buon cantore e un buon auditorio consiste solo nel fatto che il primo sa ricreare autonomamente quelle associazioni e quel discorso, che il secondo sa solo riconoscere e apprezzare.

4.1.

Le difficoltà risiedono dunque soprattutto nella definizione di formula e nelle funzioni che le si attribuiscono. Per quanto riguarda la definizione abbiamo già visto quella proposta da Pavese, che è una delle piú rigorose riprese della definizione originaria di Parry; molti studiosi hanno però tentato di allargare i confini della definizione parryana [40], fino quasi, talvolta, a farle perdere ogni identità distintiva. La storia di questi tentativi è stata ben sintetizzata da J.A. Russo, che ha infine distinto cinque livelli sui quali la dizione formulare verrebbe articolata [41], a seconda della quantità e della natura degli elementi ripetuti. Ma anche questa sofisticata proposta è poco utile per uno studio il cui interesse non risieda nel mero riconoscimento e descrizione di una realtà, ma che voglia altresí comprenderla e spiegarla e, perché no?, valutarla. La coscienza di questo limite della tradizionale definizione di formula serpeggia, d'altra parte, in molte delle relazioni svolte al convegno su «Oral Literature and the Formula» tenuto a Ann Arbor nel 1974, nel cui ambito fu presentato anche il saggio di Russo. In quella sede, una proposta particolarmente interessante fu avanzata da G. Nagy, che sostenne che «the formula is a fixed phrase conditioned by the traditional themes of oral poetry» [42]. Il legame generativo, che Nagy istituisce tra tema e formula rischia però di ottenere l'unico risultato di spostare il problema a un nuovo, altrettanto ambiguo livello, qualora non si definisca precisamente che cosa si intende per tema [43].

4.2.

Una soluzione a questi problemi, nella direzione indicata

da Nagy, risiede a mio parere in due opere a prima vista assai diverse (oltre che probabilmente del tutto indipendenti l'una dall'altra) che adottano decisamente metodologie attinte, piú che dal campo dell'analisi letteraria, dai moderni studi linguistici: mi riferisco ai libri di M.N. Nagler (1974) e B. Peabody (1975). In entrambi sono evidenti gli sforzi di superare le barriere che, dinanzi alla comprensione del processo poetico, sono poste da una concezione meccanica della formula; entrambi concordano nell'individuare il luogo in cui viene generato (e compreso) il canto non nella miriade instabile delle formule, ma in un sistema ove nuclei informazionali di natura preverbale, tenuti assieme da associazioni tradizionali, trovano poi realizzazione concreta nel tessuto formulare (per Peabody, in particolare, questi nuclei informazionali sono in concreto formati da temi linguistici [44]/).

In questi termini mi pare possibile fissare un punto in comune tra la *Gestalt* proposta da Nagler [45]/quale luogo ove il linguaggio poetico si genera, e il concetto di 'tema', che per Peabody «sta alla base della struttura sematica delle composizioni orali» [46]/. E se il livello del tema precede quello della sua realizzazione semantica [47]/, è chiaro che gli elementi associati a questo livello non sono segni («words» dice Lord [48]/) a pieno titolo, in quanto il significato è momentaneamente inattivo, pronto a essere rimesso in gioco solo al momento della concreta realizzazione: questo fa sí che uno stesso nucleo tematico possa essere utilizzato anche in contesti e con significati finali assai diversi [49]/.

Esiste ancora, sia per Nagler sia per Peabody, un ulteriore livello nel processo di composizione poetica, che potremmo definire strategico. Esso permette al poeta, attraverso una sorta di continuo controllo sul procedere del canto, di associare in una storia coerente i diversi nuclei tematici. Questo livello strategico è per Peabody il *Song* [50]/, «memoria dei canti cantati», che «funziona come un controllo cibernetico»[51]/; piú complessa è la situazione in Nagler, per il quale «these Gestalts (!) are not generative in the ultimate sense of the word...in fact they are partly limiting;...their main usefulness...must be to guide him (il poeta) through the *embarras de richesse* that the potential infinitude of metrically possible phrases would otherwise present to his mind at every moment of the performance» [52]/. A fianco di ciò entrano in gioco anche «structures and substructures of traditional stories that apparently exist in the poet's mind as thematic ideas, which bear the same relationship to particular scenes and episodes as do the phrasal template to completed phrases» [53]/. Le terminologie sono assai diverse, ma le affinità di fondo sono evidenti e innegabili [54]/.

5.0.
La lunga digressione del paragrafo precedente è solo apparentemente sconnessa rispetto ai problemi posti dall'*Epodo*, fornisce piuttosto una nuova e più utile dimensione per lo studio di ogni testo di oral poetry; una dimensione nella quale le formule, e ciò che comunque può essere definito formulare, sono solo la punta emergente, e in una certa misura mutevole, di un iceberg costituito da un'enorme ragnatela di associazioni, patrimonio fortemente stabile e conservativo di una società tradizionale [55]/. Se questo patrimonio tradizionale è la base da cui il poeta trae le parole e i modi del suo canto, deriva che la nostra analisi del testo archilocheo dovrà d'ora in avanti procedere in una nuova direzione, non più inseguendo singoli parallelismi, o somiglianze tra versi e parti di versi, bensì ricercando la coincidenza tra nuclei più estesi, e cioè la sostanza tradizionale che è sottesa al canto.

La precedente analisi del frammento, effettuata in base alla tradizionale definizione parryana di formula, e secondo i metodi propri degli studiosi che a essa si richiamano, resta in ogni modo necessaria e valida per ordinare e catalogare i materiali in vista di ogni studio successivo [56]/. Sarebbe infatti poco agevole, e forse pericoloso, inoltrarsi nello studio della poetica di un canto orale, senza avere prima messo in luce gli elementi tipici dell'oralità presenti nella concreta realizzazione del canto; in luogo di poetica e di realizzazione si può parlare di strutture profonde e strutture superficiali

5.1.

Il problema cui ora ci troviamo di fronte risiede nell'individuare la struttura tematica — il tema o i temi, oppure se si vuole la *Gestalt* — del canto di Archiloco, attraverso la suddivisione del testo nelle singole unità di sviluppo semantico («stanze» le chiama Peabody) che lo compongono. La non completa né perfetta conservazione dell'*Epodo* introduce certamente alcuni elementi di arbitrarietà (oltre che una maggiore difficoltà) nella suddivisione 'stanzaica': ciò è particolarmente grave per l'inizio e la fine del testo tràdito. Nonostante ciò è possibile distinguere con buona sicurezza i differenti segmenti di realizzazione semantica dei gruppi tematici; la partitura che ne deriva può apparire disordinata — soprattutto se raffrontata con le simili prove effettuate da Peabody per l'epos —, ma esistono alcuni parametri ricorrenti, la cui applicazione quasi costante (ridondanza) regola il succedersi delle stanze [57]/.

1   πάμπαν ἀποσχόμενος· ἶσον δὲ τολμ[

2   εἰ δ' ὦν ἐπείγεαι καί σε θυμὸς ἰθύει,
     ἔστιν ἐν ἡμετέρου ἣ νῦν μέγ' ἱμείρε[ι
     καλὴ τέρεινα παρθένος· δοκέω δέ μι[ν
     εἶδος ἄμωμον ἔχειν· τὴν δὴ σὺ ποιη[

3   τοσαῦτ' ἐφώνει· τὴν δ' ἐγὼ ἀνταμει[βόμην·]
     ,,Ἀμφιμεδοῦς θύγατερ ἐσθλῆς τε καὶ [περίφρονος]
     γυναικός, ἣν νῦν γῆ κατ' εὐρώεσσ' ἔ[χει,]

4   [τ]έρψιές εἰσι θεῆς πολλαὶ νέοισιν ἀνδ[ράσιν]
     παρέξ τὸ θεῖον χρῆμα· τῶν τις ἀρκέσε[ι.]

5   [τ]αῦτα δ' ἐπ' ἡσυχίης εὖτ' ἂν μελανθη[
     [ἐ]γώ τε καὶ σὺ σὺν θεῶι βουλεύσομεν·
     [π]είσομαι ὥς με κέλεαι· πολλόν μ'ε[
     [θρ]ιγκοῦ δ' ἔνερθε καὶ πυλέων ὑποφ[
     [μ]ή τι μέγαιρε, φίλη·

6   σχήσω γὰρ ἐς ποη[φόρους]
[κ]ήπους. τὸ δὴ νῦν γνῶθι· Νεοβούλη[

7 [ἄ]λλος ἀνὴρ ἐχέτω· αἰαῖ πέπειρα δὶς [τόση],
[ἄν]θος δ' ἀπερρύηκε παρθενήιον
[κ]αὶ χάρις ἣ πρὶν ἐπῆν·

8   κόρον γὰρ οὐκ[
[ἥβ]ης δὲ μέτρ' ἔφηνε μαινόλις γυνή·
[ἐς] κόρακας ἄπεχε·

9   μὴ τοῦτ' ἐφοῖτ' αν[
[ὅ]πως ἐγὼ γυναῖκα τ[ο]ιαύτην ἔχων
[γεί]τοσι χάρμ' ἔσομαι· πολλὸν σὲ βούλο[μαι πάρος·]

10 [σὺ] μὲν γὰρ οὔτ' ἄπιστος οὔτε διπλόη,
[ἡ δ]ὲ μάλ' ὀξυτέρη,

11   πολλοὺς δὲ ποιεῖτα[ι
[δέ]δοιχ' ὅπως μὴ τυφλὰ κἀλιτήμερα
[σπ]ουδῆι ἐπειγόμενος τὼς ὥσπερ ἡ κ[ύων τέκω]''.

12 [τοσ]αῦτ' ἐφώνεον· παρθένον δ' ἐν ἄνθε[σιν]
[τηλ]εθάεσσι λαβὼν ἔκλινα,

13   μαλθακῆι δ[έ μιν]
[χλαί]νηι καλύψας, αὐχέν' ἀγκάλησ' ἔχω[ν,]
[δεί]ματι παυ[σ]αμένην τὼς ὥστε νέβρ[
[μηρ]ῶν τε χερσὶν ἠπίως ἐφηψάμην

14 [ἧιπε]ρ ἔφαινε νέον ἥβης ἐπήλυσιν χρόα·
[ἅπαν τ]ε σῶμα καλὸν ἀμφαφώμενος
[λευκ]ὸν ἀφῆκα μένος ξανθῆς ἐπιψαύ[ων τριχός].

5.2.

Il succedersi delle stanze non è arbitrario, ma ubbidisce a alcuni princìpi: il primo riguarda il luogo e il contesto metrico ove termina una stanza e inizia la successiva. Ciò accade abbastanza regolarmente (con due eccezioni) o alla fine del verso (dopo il trimetro o dopo l'asinarteto) oppure dopo la fine dell'hemiepes: in questo caso (v.15 = st. 5-6; v.19 = st. 7-8; v.21 = st. 8-9; v.25 = st. 10-11) la stanza si apre con quel gruppo x — ◡ formante parola metrica per cui si veda quanto già detto al paragrafo 3.2.

Due eccezioni ai vv. 16 e 29: nel primo caso la regolarità è infranta per ragioni legate ai significati di fondo del canto (v. in seguito), nel secondo la regola appare rovesciata, e il passaggio dalla stanza 12 alla stanza 13 avviene dopo ἔκλινα (x — ◡), con un effetto di probabile accelerazione del canto, ormai giunto alla sua trionfante conclusione. Una simile regolarità, anche se di ordine affatto diverso, mostra il frequente ricorrere del verbo ἔχω (inteso come elemento tematico) e dei suoi composti: su otto ricorrenze (vv.1, 5, 8, 15, 17, 21, 22, 30) certe, piú una supposta da alcuni studiosi (v.13 [58]/), non si hanno due forme di ἔχω o connessi nella stessa stanza.

Piú in particolare:

st. 1: nell'unico verso conservato compare un diffuso elemento tematico (ἀποσχόμενος), vi è inoltre una dominanza fonica estesa (/a/-/o/), con un probabile valore tematico [59]/, al cui interno si sviluppa anche il tema τολμ-(τλ-) gravido di conseguenze.

st. 2: la dominante fonica /ei/ in tempo forte presiede, oltre che a un nuovo caso di ἐχ-/σχ-, al passaggio da un gruppo iniziale di elementi tematici (ἐπειγ-, θυ-) a un secondo gruppo: τέρεινα (cfr. ἡμετέρου), παρθένος, ἄμωμον con ampia realizzazione successiva.

st. 3: persiste, soprattutto come ricordo, la dominante /ei/, ma tende a affievolirsi; materiale tematico della precedente stanza viene reintrodotto: θύγατερ, ma soprattutto — come naturale in una stanza di passaggio— elementi di tipo connettivo vengono ripresi in una forma che potremmo definire chiastica: ἢ νῦν v.3, τὴν δή v.5 / τὴν δ' (ἐγώ) v.6, ἢν νῦν v.8. La continuità viene altresí assicurata da una nuova comparsa di ἐχ-.

st. 4: dopo il passaggio c'è un affollarsi di elementi tematicamente rilevanti, sia come ripresa: τέρψιες, sia soprattutto in vista di sviluppi futuri: θεῆς / θεῖον, πολλαί, ἀνδράσιν, νέοισιν, ἀρκέσει (rima con la conclusione della stanza precedente). Il 'discorso' del poeta si va instaurando.

st. 5: è un primo sviluppo di alcuni elementi: θεῷ compare in un verso in cui la materia tematica presenta tutti i personaggi del racconto: ἐγώ τε καὶ σύ, ma anche Neobule in βουλεύσομεν; πολλόν apre una sezione non chiarissima anche per lo stato del testo.

st. 6: σχήσω γάρ (cfr. st.5 μέγαιρε) inizia una fulminea espansione della stanza precedente: un terzo elemento locativo, i «giardini», si associa ai precedenti «cornice» e «porte»; una simile associazione, benché piú espansa, in η 86-132, descrizione della reggia di Alcinoo.

st.7: σχήσω della stanza precedente, puntualmente richiamato qui da ἐχέτω, ha segnato anche l'inizio di una regressione nell'uso del materiale tematico: l'ingresso di ulteriori elementi si fa piú raro, e avviene soprattutto in espansioni non essenziali. Questo lo schema della regressione:

v.16 τὸ δὴ νῦν   : τὴν δή   v.5, ἢ νῦν   v.3
v.16 Νεοβούλη[: βουλεύσομεν   v.12, νέοισιν v.9
v.17 ἀνήρ   : ἀνδράσιν   v.9
v.17 ἐχέτω   : ...
v.17 πέπειρα   : τέρεινα   v.4
v.18 παρθενήιον : παρθένος   v.4
v.19 ἢ πρίν   : ἢ νῦν   v.3

Di nuovo, oltre a ἄνθος una sorta di glossa rispetto a πέπειρα, vi è δὶς τόση e χάρις. Nel contesto della presenza in scena di Neobule compare una dominante fonica /r/ che prepara e culmina in ἐς κόρακας.

st. 8: dopo l'espansione segnata da κόρον γάρ — puntualmente duplicato in ἐς κόρακας alla chiusa della stanza —, tematicamente rilevante è la ripresa di γυνή; la stanza si chiude con la completa realizzazione del potenziale insito nel tema ἐχ-/ σχ: a ἀποσχόμενος si era dapprima associato σχήσω...ἐς, ora con ἐς...ἄπεχε il cerchio si chiude.

st. 9-10: ἐγώ e σύ, abbandonati dopo il v. 12, ricompaiono dopo Neobule, e in contrapposizione a ἡ δέ (v.25) danno luogo a due sviluppi paralleli in cui si elabora molto materiale precedente: γυναῖκα, πολλόν, βουλο[, ἔχων, χάρμα. Notevole l'elaborazione tematica del v. 25: la contrapposizione tra Neobule e l'altra è contrapposizione tra ἀ- (alfa privativo) già presente in ἄμωμον, e δι- già presente in δὶς τόση, tra ciò che è semplice e ciò che è almeno doppio.

st. 11: naturale perciò la nuova espansione iniziale di ἡ δὲ μάλ'ὀζυτέρη in πολλοὺς δέ; la ripresa di ἐπειγόμενος è integrante alla generazione del resto della stanza.

st. 12. 13. 14: vi sono molti elementi nuovi, sicura funzione tematica hanno però alcune riprese: παρθένον, ἄνθεσιν, νέον, ἥβης, ἔχων, καλόν. Ai vv. 28-9 un elemento di continuità rispetto a ἐς ποηφόρους/κήπους (vv. 15-6) è non solo in ἄνθεσιν, bensí anche nell'epiteto τηλεθάεσσι, grazie a una sorta di *calembour* fonico con il simile νεοθηλής, tradizionalmente associato a ποίη: cfr. Ξ 347. Alla fine, prima del ritmo isocolico conclusivo, appare un'ultima dominante di suoni labiali e aspirati, connessi con l'azione di 'toccare' [60]/.

6.0.
Il riconoscimento di uno sviluppo tematico in sé coerente e contrassegnato da un'alta ridondanza non è che una sintomatica conseguenza dell'appartenere del canto alla poetica tradizionale; mediante questa operazione si porta in luce la base linguistica che può generare il testo; ma le associazioni tematiche, per quanto tradizionalmente estese, non possono da sole dar luogo a un canto di qualche estensione e complessità [61]/. Ciò che interviene a dar ordine e regola, e in definitiva significato, al succedersi dei temi e delle formule è un principio strategico, che il cantore attinge dalla memoria del canto in atto e di altri già cantati, da lui stesso o da altri. Per quanti accidenti

possano deviare il cantore dal proprio cammino, questi è in possesso — proprio attraverso la memoria — di una sorta di controllo mentale dello svolgimento del canto, che limita a priori le infinite, o quasi, possibilità di associazione dei temi. Questo livello strategico della composizione — il song secondo le definizioni di Lord e Peabody — è di gran lunga l'elemento meno stabile in questo processo [62]/, e può essere modificato sia da influenze esterne, sia da tensioni interne alla materia del canto (i temi); di qui derivano, tra l'altro, l'unicità e la variabilità delle performances orali.

Il song, proprio in quanto strategia del canto, non ha sostanza linguistica, che gli è fornita dai temi, ma si realizza concretamente attraverso l'apparire e il predominare di determinati temi, vale a dire elementi linguistici, che dal song vengono organizzati in un sistema significativo.

6.1.

All'interno di questa struttura, un ruolo fondamentale per delineare il sistema delle associazioni tradizionali cui il canto appartiene è svolto dal tema τολμ-; e ciò a dispetto sia della sorte che ci ha restituito solo la prima parte della parola in cui compare, sia delle ineliminabili incertezze circa la ricostruzione del primo verso tramandato.

Una ricognizione — per quanto limitata al corpus omerico — sulle ricorrenze di parole connesse con i verbi τολμᾶν e τλῆναι, e sui loro contesti, porta a alcune constatazioni quasi sorprendenti: i temi e i significanti dell'*Epodo* si ritrovano con sconcertante frequenza e regolarità in prossimità e connessione con le forme verbali di τλῆναι o τολμᾶν. Per quanto le realizzazioni semantiche appaiano differenti, è impossibile negare matrici tematiche paragonabili tra il canto di Archiloco e, per fare un primo esempio, l'assemblea di K nella quale si sceglie il compagno di avventure di Diomede, in altre parole chi 'oserà' con lui (vv.194-253).

Il tema τολμ-/τλ- appare realizzato sia in alcuni epiteti (205 θυμῷ τολμήεντι, 231 τλήμων 'Οδυσεύς, 248 πολύτλας δῖος 'Οδυσσεύς) sia come forma verbale (232 θυμὸς ἐτόλμα): intorno si dispone una vera rete di «coincidenze» che possiamo così riassumere [63]/:

"Ὣς εἰπὼν τάφροιο διέσσυτο· τοὶ δ' ἄμ' ἕποντο	
195 Ἀργείων βασιλῆες, ὅσοι κεκλήατο <u>βουλήν</u>.	a
τοῖς δ' ἅμα Μηριόνης καὶ Νέστορος ἀγλαὸς υἱὸς	
ἤϊσαν· αὐτοὶ γὰρ κάλεον <u>συμμητιάασθαι</u>.	b
τάφρον δ' ἐκδιαβάντες ὀρυκτὴν ἑδριόωντο	
ἐν καθαρῷ, ὅθι δὴ νεκύων <u>διεφαίνετο</u> χῶρος	c
200 πιπτόντων· ὅθεν αὖτις ἀπετράπετ' ὄβριμος Ἕκτωρ	
ὀλλὺς Ἀργείους, ὅτε δὴ περὶ νὺξ <u>ἐκάλυψεν</u>.	d
ἔνθα καθεζόμενοι ἔπε' <u>ἀλλήλοισι</u> πίφαυσκον·	e
τοῖσι δὲ μύθων ἦρχε Γερήνιος ἱππότα Νέστωρ·	
«ὦ <u>φίλοι</u>, οὐκ ἂν δή τις <u>ἀνὴρ</u> <u>πεπίθοιθ</u>' ἑῷ αὐτοῦ	f, g, h
205 <u>θυμῷ</u> τολμήεντι μετὰ Τρῶας <u>μεγαθύμους</u>	i, i
ἐλθεῖν, εἴ τινά που δηΐων ἕλοι ἐσχατόωντα,	
ἤ τινά που καὶ φῆμιν ἐνὶ Τρώεσσι πύθοιτο,	
ἅσσα τε <u>μητιόωσι</u> μετὰ σφίσιν, ἢ μεμάασιν	b
αὖθι <u>μένειν</u> παρὰ νηυσὶν ἀπόπροθεν, ἦε πόλινδε	j
210 ἂψ ἀναχωρήσουσιν, ἐπεὶ δαμάσαντό γ' Ἀχαιούς.	
ταῦτά κε πάντα πύθοιτο, καὶ ἂψ εἰς ἡμέας ἔλθοι	
ἀσκηθής· μέγα κέν οἱ ὑπουράνιον κλέος εἴη	
πάντας ἐπ' ἀνθρώπους, καί οἱ δόσις <u>ἔσσεται</u> <u>ἐσθλή</u>·	k, l
ὅσσοι γὰρ νήεσσιν ἐπικρατέουσιν ἄριστοι,	
215 τῶν πάντων οἱ ἕκαστος ὄϊν δώσουσι <u>μέλαιναν</u>	m
θῆλυν ὑπόρρηνον· τῇ μὲν κτέρας οὐδὲν ὁμοῖον,	
αἰεὶ δ' ἐν δαίτῃσι καὶ εἰλαπίνῃσι <u>παρέσται</u>.»	k
Ὣς ἔφαθ', οἱ δ' ἄρα πάντες ἀκὴν ἐγένοντο σιωπῇ.	
τοῖσι δὲ καὶ μετέειπε βοὴν ἀγαθὸς <u>Διομήδης</u>·	b
220 «Νέστορ, ἔμ' ὀτρύνει κραδίη καὶ <u>θυμὸς</u> ἀγήνωρ	i
<u>ἀνδρῶν</u> <u>δυσμενέων</u> δῦναι στρατὸν ἐγγὺς ἐόντων,	g, j
Τρώων· ἀλλ' εἴ τίς μοι <u>ἀνὴρ</u> ἅμ' ἕποιτο καὶ <u>ἄλλος</u>,	g, e
μᾶλλον θαλπωρὴ καὶ θαρσαλεώτερον <u>ἔσται</u>.	k
σύν τε <u>δύ'</u> ἐρχομένω, καί τε πρὸ ὃ τοῦ ἐνόησεν	n
225 ὅππως κέρδος ἔῃ· μοῦνος δ' εἴ πέρ τε νοήσῃ,	—
ἀλλά τέ οἱ βράσσων τε νόος, λεπτὴ δέ τε <u>μῆτις</u>.»	b
Ὣς ἔφαθ', οἱ δ' ἔθελον Διομήδεϊ <u>πολλοὶ</u> <u>ἕπεσθαι</u>.	b, o
ἠθελέτην Αἴαντε <u>δύω</u>, θεράποντες Ἄρηος,	n
ἤθελε Μηριόνης, μάλα δ' ἤθελε Νέστορος υἱός,	
230 ἤθελε δ' Ἀτρεΐδης δουρικλειτὸς <u>Μενέλαος</u>,	j

ἤθελε δ' ὁ τλήμων Ὀδυσεὺς καταδῦναι ὅμιλον
Τρώων· αἰεὶ γάρ οἱ ἐνὶ φρεσὶ <u>θυμὸς</u> ἐτόλμα.   i
τοῖσι δὲ καὶ μετέειπεν ἄναξ <u>ἀνδρῶν</u> Ἀγαμέμνων·   g
«Τυδεΐδη Διόμηδες, ἐμῷ <u>κεχαρισμένε θυμῷ</u>,   b, p, i
235 τὸν μὲν δὴ ἕταρόν γ' αἱρήσεαι, ὅν κ' ἐθέλῃσθα,
<u>φαινομένων</u> τὸν ἄριστον, ἐπεὶ μεμάασί γε <u>πολλοί</u>.   c, o
μηδὲ σύ γ' αἰδόμενος σῇσι φρεσὶ τὸν μὲν ἀρείω
καλλείπειν, σὺ δὲ χείρον' ὀπάσσεαι αἰδοῖ εἴκων,
ἐς γενεὴν ὁρόων, μηδ' εἰ βασιλεύτερός ἐστιν.»
240 Ὣς ἔφατ', ἔδεισεν δὲ περὶ <u>ξανθῷ</u> Μενελάῳ.   q, j
τοῖς δ' αὖτις μετέειπε βοὴν ἀγαθὸς Διομήδης·   b
«εἰ μὲν δὴ ἕταρόν γε <u>κελεύετέ</u> μ' αὐτὸν ἑλέσθαι,   r
πῶς ἂν ἔπειτ' Ὀδυσῆος ἐγὼ <u>θείοιο</u> λαθοίμην,   s
οὗ πέρι μὲν πρόφρων κραδίη καὶ <u>θυμὸς</u> ἀγήνωρ   i
245 ἐν πάντεσσι πόνοισι, <u>φιλεῖ</u> δέ ἑ Παλλὰς Ἀθήνη.   f
τούτου γ' ἑσπομένοιο καὶ ἐκ πυρὸς αἰθομένοιο
<u>ἄμφω</u> νοστήσαιμεν, ἐπεὶ περίοιδε νοῆσαι.»   t
Τὸν δ' αὖτε προσέειπε πολύτλας δῖος Ὀδυσσεύς·
«Τυδεΐδη, μήτ' ἄρ με μάλ' αἴνεε μήτε τι νείκει·
250 εἰδόσι γάρ τοι ταῦτα μετ' Ἀργείοις ἀγορεύεις.
ἀλλ' ἴομεν· μάλα γὰρ νὺξ ἄνεται, ἐγγύθι δ' ἠώς,
ἄστρα δὲ δὴ προβέβηκε, παροίχωκεν δὲ πλέων νὺξ
τῶν <u>δύο</u> μοιράων, τριτάτη δ' ἔτι μοῖρα λέλειπται.»   n

a) cfr. 12 βουλεύσομεν; 16 Νεοβούλη[; 23 βούλο[μαι. b) cfr. 7
Ἀμφιμεδοῦς. c) cfr. 20 e 33. d) cfr. 30. e) cfr. 17. f) cfr. 15. g)
cfr. 9 e 17 h) cfr. 13. i) cfr. 2. j) cfr. 35 μένος v. anche q per il
nesso. k) cfr. 23. l) cfr. 7. m) cfr. 11 εὖτ'ἂν μελανθη[. n) cfr. 24
διπλόη e 17 δὶς τόσῃ. o) cfr. 9, 13, 23, 25. p) cfr. 19 χάρις e 23
χάρμα. q) cfr. 35. r) cfr. 13. s) cfr. 9, 10, 12. t) cfr. 7
Ἀμφιμεδοῦς.

6.2.

Non diversamente stanno le cose per due sezioni abbastanza ampie del canto ventiquattresimo (Priamo 'osa' affrontare Achille, entrambi 'sopportano' gravi dolori); esamineremo l'assemblea divina all'inizio del canto (vv. 22-76) e il colloquio iniziale tra Priamo e Achille (vv. 486-570). Si tratta, e non sarà neppure questa una semplice coincidenza, di sezioni ove il dialogo prevale nettamente sulla narrazione. Il tema τολμ-/τλ- ha due realizzazioni, al v. 35 τὸν νῦν οὐκ ἔτλητε νέκυν περ ἐόντα σαῶσαι (osare) e al v. 49 τλητὸν γὰρ Μοῖραι θυμὸν θέσαν ἀνθρώποισιν (sopportare). Il resto è cosí disposto intorno al tema dominante:

"Ὣς ὁ μὲν Ἕκτορα δῖον ἀείκιζεν <u>μενεαίνων</u>·	a
τὸν δ' ἐλεαίρεσκον μάκαρες <u>θεοὶ</u> εἰσορόωντες,	b
κλέψαι δ' ὀτρύνεσκον ἐΰσκοπον Ἀργειφόντην.	x
25 ἔνθ' <u>ἄλλοις</u> μὲν πᾶσιν ἐήνδανεν, οὐδέ ποθ' Ἥρῃ	c
οὐδὲ Ποσειδάων' οὐδὲ γλαυκώπιδι κούρῃ,	
ἀλλ' ἔχον ὥς σφιν πρῶτον ἀπήχθετο Ἴλιος ἱρὴ	
καὶ Πρίαμος καὶ λαὸς Ἀλεξ<u>άνδρου</u> ἕνεκ' ἄτης,	d
ὅς νείκεσσε <u>θεάς</u>, ὅτε οἱ μέσσαυλον ἵκοντο,	b
30 τὴν δ' ᾔνησ' ἥ οἱ πόρε μαχλοσύνην ἀλεγεινήν.	
ἀλλ' ὅτε δή ῥ' ἐκ τοῖο δυωδεκάτη γένετ' ἠώς,	e
καὶ τότ' ἄρ' ἀθανάτοισι μετηύδα Φοῖβος Ἀπόλλων·	
«σχέτλιοί ἐστε, <u>θεοί</u>, δηλήμονες· οὔ νύ ποθ' ὑμῖν	b
Ἕκτωρ <u>μηρί</u>' ἔκηε βοῶν αἰγῶν τε τελείων;	f
35 <u>τὸν νῦν οὐκ</u> ἔτλητε νέκυν περ ἐόντα σαῶσαι,	g
ἦ τ' ἀλόχῳ ἰδέειν καὶ μητέρι καὶ <u>τέκεϊ</u> ᾧ	h
καὶ πατέρι Πριάμῳ λαοῖσί τε, τοί κέ μιν ὦκα	
ἐν πυρὶ κήαιεν καὶ ἐπὶ κτέρεα κτερίσαιεν.	
ἀλλ' ὀλοῷ Ἀχιλῆϊ, <u>θεοί</u>, <u>βούλεσθ</u>' ἐπαρήγειν,	b, i
40 ᾧ οὔτ' ἄρ φρένες εἰσὶν ἐναίσιμοι οὔτε νόημα	
γναμπτὸν ἐνὶ στήθεσσι, λέων δ' ὣς ἄγρια οἶδεν,	
ὅς τ' ἐπεὶ ἄρ μεγάλῃ τε βίῃ καὶ ἀγήνορι <u>θυμῷ</u>	
εἴξας εἶσ' ἐπὶ μῆλα βροτῶν, ἵνα δαῖτα λάβῃσιν·	j
ὣς Ἀχιλεὺς ἔλεον μὲν ἀπώλεσεν, οὐδέ οἱ αἰδὼς	
45 γίγνεται, ἥ τ' <u>ἄνδρας</u> <u>μέγα</u> σίνεται ἠδ' ὀνίνησι.	d, k
μέλλει μέν πού τις καὶ <u>φίλτερον</u> <u>ἄλλον</u> ὀλέσσαι,	l, c
ἠὲ κασίγνητον ὁμογάστριον ἠὲ καὶ υἱόν·	
ἀλλ' ἤτοι κλαύσας καὶ ὀδυράμενος <u>μεθέηκε</u>·	m
τλητὸν γὰρ Μοῖραι θυμὸν θέσαν ἀνθρώποισιν.	j
50 αὐτὰρ ὅ γ' Ἕκτορα δῖον, ἐπεὶ <u>φίλον</u> ἦτορ ἀπηύρα,	l
ἵππων <u>ἐξάπτων</u> περὶ σῆμ' ἑτάροιο φίλοιο	n, l
ἕλκει· οὐ μήν οἱ τό γε <u>κάλλιον</u> οὐδέ τ' ἄμεινον.	o
μὴ ἀγαθῷ περ ἐόντι νεμεσσηθέωμέν οἱ ἡμεῖς·	

κωφὴν γὰρ δὴ γαῖαν ἀεικίζει μενεαίνων.» p, a
55 Τὸν δὲ χολωσαμένη προσέφη λευκώλενος Ἥρη· q
«εἴη κεν καὶ τοῦτο τεὸν ἔπος, ἀργυρότοξε,
εἰ δὴ ὁμὴν Ἀχιλῆϊ καὶ Ἕκτορι θήσετε τιμήν.
Ἕκτωρ μὲν θνητός τε γυναῖκά τε θήσατο μαζόν· r, s
αὐτὰρ Ἀχιλλεύς ἐστι θεᾶς γόνος, ἥν ἐγὼ αὐτὴ b
60 θρέψα τε καὶ ἀτίτηλα καὶ ἀνδρὶ πόρον παράκοιτιν, d
Πηλέϊ, ὃς περὶ κῆρι φίλος γένετ' ἀθανάτοισι. l
πάντες δ' ἀντιάασθε, θεοί, γάμου· ἐν δὲ σὺ τοῖσι b, t
δαίνυ' ἔχων φόρμιγγα, κακῶν ἕταρ', αἰὲν ἄπιστε.» u
Τὴν δ' ἀπαμειβόμενος προσέφη νεφεληγερέτα Ζεύς·
65 «Ἥρη, μὴ δὴ πάμπαν ἀποσκύδμαινε θεοῖσιν· v
οὐ μὲν γὰρ τιμή γε μί' ἔσσεται· ἀλλὰ καὶ Ἕκτωρ w
φίλτατος ἔσκε θεοῖσι βροτῶν οἳ ἐν Ἰλίῳ εἰσίν· l, b
ὡς γὰρ ἔμοιγ', ἐπεὶ οὔ τι φίλων ἡμάρτανε δώρων. l
οὐ γάρ μοί ποτε βωμὸς ἐδεύετο δαιτὸς ἐΐσης,
70 λοιβῆς τε κνίσης τε· τὸ γὰρ λάχομεν γέρας ἡμεῖς.
ἀλλ' ἤτοι κλέψαι μὲν ἐάσομεν—οὐδέ πη ἔστι— x
λάθρη Ἀχιλλῆος θρασὺν Ἕκτορα· ἦ γάρ οἱ αἰεὶ
μήτηρ παρμέμβλωκεν ὁμῶς νύκτας τε καὶ ἦμαρ.
ἀλλ' εἴ τις καλέσειε θεῶν Θέτιν ἆσσον ἐμεῖο, b
75 ὄφρα τί οἱ εἴπω πυκινὸν ἔπος, ὥς κεν Ἀχιλλεὺς
δώρων ἐκ Πριάμοιο λάχῃ ἀπό θ' Ἕκτορα λύσῃ.»

a) cfr. 35. b) cfr. 9, 10, 12. c) cfr. 17. d) cfr. 9, 17. e) cfr. 17 e 24. f) cfr. 32 μηρ] ὧν Merk. g) cfr. 3 ἢ νῦν; 8 ἦν νῦν; 16 τὸ δὴ νῦν. h) cfr. 27 κ[ύων τέκω]. i) cfr. 12, 16, 23. j) cfr.2. k) cfr. 3 μέγ' ἱμείρε[ι. l) cfr. 15. m) cfr. 35 ἀφῆκα. n) cfr. 32. o) cfr. 4 e 34. p) cfr. 8. q) cfr. 35. r) cfr. 8, 20, 22. s) cfr. 32 μαζ] ὧν. t) cfr. 3[γάμου]. u) cfr. 3 e 13(?). v) cfr. 1 πάμπαν ἀποσχόμενος. w) cfr. 23. x) cfr. 30 καλύψας(?).

Nel colloquio tra Priamo e Achille l'elemento tematico τολμ-/τλ- ricorre ai vv. 505(ἔτλην δ'οἷ οὔ πώ τις ἐπιχθόνιος βροτὸς ἄλλος = sopportare), 519 (πῶς ἔτλης ἐπὶ νῆας Ἀχαιῶν ἐλθέμεν οἶος = osare) e 565 (οὐ γάρ κε τλαίη βροτὸς ἐλθέμεν, οὐδὲ μάλ' ἡβῶν = osare). E ancora:

«μνῆσαι πατρὸς σοῖο, θεοῖς ἐπιείκελ' Ἀχιλλεῦ, m
τηλίκου ὥς περ ἐγών, ὀλοῷ ἐπὶ γήραος οὐδῷ·

107

καὶ μέν που κεῖνον περιναιέται <u>ἀμφὶς</u> ἐόντες	a, b
τείρουσ', οὐδέ τίς ἐστιν ἀρὴν καὶ λοιγὸν ἀμῦναι.	
490 ἀλλ' ἤτοι κεῖνός γε σέθεν ζώοντος ἀκούων	
χαίρει τ' ἐν θυμῷ, ἐπί τ' ἔλπεται ἤματα πάντα	c, d
ὄψεσθαι <u>φίλον</u> υἱὸν ἀπὸ Τροίηθεν ἰόντα·	e
αὐτὰρ ἐγὼ πανάποτμος, ἐπεὶ <u>τέκον</u> υἷας ἀρίστους	f
Τροίῃ ἐν <u>εὐρείῃ</u>, τῶν δ' οὔ τινά φημι λελεῖφθαι.	g, h
495 πεντήκοντά μοι ἦσαν, ὅτ' ἤλυθον υἷες Ἀχαιῶν·	
ἐννεακαίδεκα μέν μοι ἰῆς ἐκ νηδύος ἦσαν,	
τοὺς δ' <u>ἄλλους</u> μοι <u>ἔτικτον</u> ἐνὶ μεγάροισι <u>γυναῖκες.</u>	i, f, j
τῶν μὲν <u>πολλῶν</u> θοῦρος Ἄρης ὑπὸ γούνατ' ἔλυσεν·	k
ὃς δέ μοι οἶος ἔην, εἴρυτο δὲ ἄστυ καὶ αὐτούς,	
500 τὸν σὺ πρῴην κτεῖνας ἀμυνόμενον περὶ πάτρης,	
Ἕκτορα· <u>τοῦ νῦν</u> εἵνεχ' ἱκάνω νῆας Ἀχαιῶν	l
λυσόμενος παρὰ σεῖο, φέρω δ' ἀπερείσι' ἄποινα.	
ἀλλ' αἰδεῖο θεούς, Ἀχιλεῦ, αὐτόν τ' ἐλέησον,	m
μνησάμενος σοῦ πατρός· ἐγὼ δ' ἐλεεινότερός περ,	
505 ἔτλην δ' οἷ' οὔ πώ τις ἐπιχθόνιος βροτὸς <u>ἄλλος,</u>	i
ἀνδρὸς παιδοφόνοιο ποτὶ στόμα <u>χεῖρ'</u> ὀρέγεσθαι.»	n, o
Ὣς φάτο, τῷ δ' ἄρα πατρὸς ὑφ' <u>ἵμερον</u> ὦρσε γόοιο·	p
<u>ἁψάμενος</u> δ' ἄρα χειρὸς ἀπώσατο ἦκα γέροντα.	q, o
τὼ δὲ μνησαμένω, ὃ μὲν Ἕκτορος ἀνδροφόνοιο	n
510 κλαῖ' ἀδινὰ προπάροιθε ποδῶν Ἀχιλῆος ἐλυσθείς,	
αὐτὰρ Ἀχιλλεὺς κλαῖεν ἑὸν πατέρ', <u>ἄλλοτε</u> δ' αὖτε	i
Πάτροκλον· τῶν δὲ στοναχῇ κατὰ δώματ' ὀρώρει.	
αὐτὰρ ἐπεί ῥα γόοιο <u>τετάρπετο</u> δῖος Ἀχιλλεύς,	r
καί οἱ ἀπὸ πραπίδων <u>ἦλθ'</u> ἵμερος ἠδ' ἀπὸ γυίων,	p
515 αὐτίκ' ἀπὸ θρόνου ὦρτο, γέροντα δὲ <u>χειρὸς</u> ἀνίστη,	o
οἰκτίρων πολιόν τε κάρη πολιόν τε γένειον,	
καί μιν φωνήσας ἔπεα πτερόεντα προσηύδα·	
«ἆ δείλ', ἦ δὴ <u>πολλὰ</u> κάκ' <u>ἄνσχεο</u> σὸν κατὰ <u>θυμόν.</u>	k, s, d
πῶς ἔτλης ἐπὶ νῆας Ἀχαιῶν ἐλθέμεν οἶος,	
520 ἀνδρὸς ἐς ὀφθαλμοὺς ὅς τοι <u>πολέας</u> τε καὶ <u>ἐσθλοὺς</u>	n, k, t
υἱέας ἐξενάριξα; σιδήρειόν νύ τοι ἦτορ.	
ἀλλ' ἄγε δὴ κατ' ἄρ' ἕζευ ἐπὶ θρόνου, ἄλγεα δ' ἔμπης	
<u>ἐν θυμῷ</u> κατακεῖσθαι ἐάσομεν ἀχνύμενοί περ·	d
οὐ γάρ τις πρῆξις πέλεται κρυεροῖο γόοιο·	
525 ὡς γὰρ ἐπεκλώσαντο <u>θεοὶ</u> δειλοῖσι βροτοῖσι,	m
ζώειν ἀχνυμένοις· αὐτοὶ δέ τ' ἀκηδέες εἰσί.	
<u>δοιοὶ</u> γάρ τε πίθοι κατακείαται ἐν Διὸς οὔδει	u
δώρων οἷα δίδωσι κακῶν, ἕτερος δὲ ἑάων·	

ᾧ μέν κ' ἀμμείξας δώῃ Ζεὺς <u>τερπικέραυνος</u>, r
530 <u>ἄλλοτε</u> μέν τε κακῷ ὅ γε κύρεται, <u>ἄλλοτε</u> δ' <u>ἐσθλῷ</u>· i, i, t
ᾧ δέ κε τῶν λυγρῶν δώῃ, λωβητὸν ἔθηκε,
καί ἑ κακὴ βούβρωστις ἐπὶ <u>χθόνα</u> δῖαν ἐλαύνει, v
φοιτᾷ δ' οὔτε <u>θεοῖσι</u> τετιμένος οὔτε βροτοῖσιν. m
ὣς μὲν καὶ Πηλῆϊ <u>θεοὶ</u> δόσαν ἀγλαὰ δῶρα m
535 ἐκ γενετῆς· πάντας γὰρ ἐπ' ἀνθρώπους ἐκέκαστο
ὄλβῳ τε πλούτῳ τε, ἄνασσε δὲ Μυρμιδόνεσσι,
καί οἱ θνητῷ ἐόντι <u>θεὰν</u> <u>ποίησαν</u> ἄκοιτιν. m, w
ἀλλ' ἐπὶ καὶ τῷ θῆκε <u>θεὸς</u> κακόν, ὅττι οἱ οὔ τι m
παίδων ἐν μεγάροισι γονὴ γένετο κρειόντων,
540 ἀλλ' ἕνα παῖδα <u>τέκεν</u> παναώριον· οὐδέ νυ τόν γε f
γηράσκοντα κομίζω, ἐπεὶ <u>μάλα</u> τηλόθι πάτρης x
ἧμαι ἐνὶ Τροίῃ, σέ τε κήδων ἠδὲ σὰ <u>τέκνα.</u> f
καὶ σέ, γέρον, <u>τὸ πρὶν</u> μὲν ἀκούομεν ὄλβιον εἶναι· y
ὅσσον Λέσβος ἄνω, Μάκαρος ἕδος, ἐντὸς ἐέργει
545 καὶ Φρυγίη <u>καθύπερθε</u> καὶ Ἑλλήσποντος ἀπείρων, z
τῶν σε, γέρον, πλούτῳ τε καὶ υἱάσι φασὶ κεκάσθαι.
αὐτὰρ ἐπεί τοι πῆμα τόδ' ἤγαγον Οὐρανίωνες,
αἰεί τοι περὶ ἄστυ μάχαι τ' <u>ἀνδροκτασίαι</u> τε. n
<u>ἄνσχεο</u>, μηδ' ἀλίαστον ὀδύρεο σὸν κατὰ θυμόν· s, d
550 οὐ γάρ τι πρήξεις ἀκαχήμενος υἷος ἑῆος,
οὐδέ μιν ἀνστήσεις, <u>πρὶν</u> καὶ κακὸν <u>ἄλλο</u> πάθῃσθα. » y, i
Τὸν δ' ἠμείβετ' ἔπειτα γέρων Πρίαμος <u>θεοειδής</u>· m, A
«μή πώ μ' ἐς θρόνον ἵζε, διοτρεφές, ὄφρα κεν Ἕκτωρ
κεῖται ἐνὶ κλισίῃσιν ἀκηδής, ἀλλὰ τάχιστα
555 λῦσον, ἵν' ὀφθαλμοῖσιν ἴδω· σὺ δὲ δέξαι ἄποινα
<u>πολλά</u>, τά τοι φέρομεν· σὺ δὲ τῶνδ' ἀπόναιο, καὶ ἔλθοις k
σὴν ἐς πατρίδα <u>γαῖαν</u>, ἐπεί με πρῶτον ἔασας v
αὐτόν τε ζώειν καὶ ὁρᾶν φάος ἠελίοιο. »
Τὸν δ' ἄρ' ὑπόδρα ἰδὼν προσέφη πόδας ὠκὺς Ἀχιλλεύς·
560 «μηκέτι νῦν μ' ἐρέθιζε, γέρον· νοέω δὲ καὶ αὐτὸς
Ἕκτορά τοι λῦσαι, Διόθεν δέ μοι ἄγγελος ἦλθε
μήτηρ, ἥ μ' <u>ἔτεκεν</u>, <u>θυγάτηρ</u> ἁλίοιο γέροντος. f, B
καὶ δέ σε <u>γιγνώσκω</u>, Πρίαμε, φρεσίν, οὐδέ με λήθεις, C
ὅττι <u>θεῶν</u> τίς σ' ἦγε θοὰς ἐπὶ νῆας Ἀχαιῶν. m
565 οὐ γάρ κε τλαίη βροτὸς ἐλθέμεν, οὐδὲ <u>μάλ'</u> <u>ἡβῶν</u>, x, D
ἐς στρατόν· οὐδὲ γὰρ ἂν φυλάκους λάθοι, οὐδέ κ' ὀχῆα
ῥεῖα μετοχλίσσειε <u>θυράων</u> ἡμετεράων. E
τῶ νῦν μή μοι <u>μᾶλλον</u> ἐν ἄλγεσι <u>θυμὸν</u> ὀρίνῃς,
μή σε, γέρον, οὐδ' αὐτὸν ἐνὶ κλισίῃσιν ἐάσω d

570 καὶ ἱκέτην περ ἐόντα, Διὸς δ' <u>ἀλίτωμαι</u> ἐφετμάς. » F

a) 488s. καὶ μέν που κεῖνον περιναιέται ἀμφὶς ἐόντες/τείρουσ'(ι) cfr. 23 γείτοσι χάρμα ἔσομαι. b) ἀμφίς cfr. 7 'Αμφιμεδοῦς. Nel prosieguo del canto iliadico si veda Ω 582 e 588 ἀμφί, 574 Αὐτομέδων, 618 μεδώμεθα. c) cfr. 19 e 23. d) cfr. 2. e) cfr. 15 e ancora Ω 585, 591, 594, 619. f) cfr. 27 κ[ύων τέκω e ancora Ω 608. g) cfr. 8 εὑρώεσσ'(α). h) τῶν δ'οὔ τινά φημι cfr. 10 τῶν τις ἀρκέσει. i) cfr.17. j) cfr. 8, 20, 22. k) cfr. 9, 13, 23, 25 e ancora Ω 608. l) cfr. 3 ἢ νῦν, 8 ἢν νῦν, 16 τὸ δὴ νῦν. m) cfr. 9, 10, 12 e ancora Ω 615 e 617. n) cfr. 9 e 17. o) cfr. 32. p) cfr.3. q) cfr. 32. r) cfr.9. s) cfr. 1. t) cfr.7 u) cfr. 17 e 24 e ancora Ω 573, 580, 603, 608, 609. v) cfr. 8. w) cfr.5 e 25. x) cfr. 25. y) cfr. 19. z) καθύπερθε cfr. 14 ἔνερθε. A) θεοειδής cfr. 5 εἶδος. B) cfr. 7 e ancora Ω 604. C) cfr. 16. D) cfr. 20 e 33 e ancora Ω 604. E) cfr. 14. F) cfr. 26 e ancora Ω 586.

Un'indagine piú approfondita dei passi omerici potrebbe portare a definire con ulteriore precisione quali di questi temi abbiano maggiore rilevanza strutturale (e quali si ritrovino in Archiloco per pura combinazione); ma anche da questo primo disorganico inventario appaiono in costante e stretta connessione, tra gli altri, alcuni temi assai importanti per la comprensione dell'*Epodo*: in particolare quelli che contribuiscono a formare il nome di Amfimedò (nome fittizio e parlante, v. in seguito) e quelli legati al concetto di 'due'.

6.3.
Ancora l'esame di due passi omerici — questa volta dall'*Odissea* — occorre per delineare definitivamente il quadro tradizionale dell'*Epodo* ; l'episodio di Circe (κ 203-574) e l'incontro tra Odisseo e Agamennone nell'Ade (λ 385-464) permettono di passare dalla semplice osservazione di particolari condensazioni tematiche, all'analisi dell'attività concreta, 'da protagonista', del tema τολμ-/τλ-.
Al centro delle due scene vi sono donne, Circe antagonista e poi alleata di Odisseo, Clitemestra e Penelope contrapposte

tra loro nell'illustrazione dei destini degli eroi dell'undicesimo canto [64]/: nell'insieme dei rapporti che si stabiliscono tra i personaggi l'elemento tematico τολμ-/τλ- ha notevolissima rilevanza in entrambe le sue eccezioni di «osare» e «sopportare». In x il tema si realizza due volte (vv. 327 e 343) in una sezione centrale dell'episodio, imperniata sul primo incontro tra l'eroe e la maga (vv. 307-4)); in un caso esso si applica a Odisseo (327: οὐδὲ γὰρ οὐδέ τις ἄλλος ἀνὴρ τάδε φάρμακ'ἀνέτλη) nell'altro a Circe (343: εἰ μή μοι τλαίης γε, θεά, μέγαν ὅρκον ὀμόσσαι): intorno abbiamo una notevole concentrazione di temi propri anche all'*Epodo*, concentrazione che si attenua nei restanti versi dell'episodio, nei quali peraltro sono presenti temi estremamente significativi per la nostra ricerca; ad es.: 138 ἄμφω, 142 δύο (bis), 156 ἀμφιελίσσης, 167 ἀμφοτέρωθεν, 179 καλύψαμενοι, 203 δίχα, 204 ἀμφοτέροισιν, 208 δύω, 212 ἀμφί, 216 ἀμφί, 218 ἀμφί, 227 ἅπαν ἀμφιμέμυκεν, 230 θύρας, 232 δόλον, 239 τρίχας, 262 ἀμφί, 264 ἀμφοτέρῃσι, 278 νεηνίῃ ἀνδρί, 279 χαριέστατος ἥβη, 304 μέλαν...ἄνθος, 348 ἀμφίπολοι, 365 ἀμφὶ δέ με χλαῖναν καλὴν βάλεν ἠδὲ χιτῶνα, 368 ἀμφίπολος, 376 χεῖρας, 378 ἶσος, 379 θυμόν, 380 δόλον ἄλλον, 383 ἀνήρ, 384s. πρὶν τλαίη πάσσασθαι ἐδητύος ἠδὲ ποτῆτος /πρίν... (intorno a questa nuova ricorrenza di τολμ-/τλ- la concentrazione tematica tende nuovamente a aumentare), 386 κελεύεις, 389 χειρί, θύρας, 392 ἄλλο, 393 τρίχες, 395 ἄνδρες...νεώτεροι, 396 πολὺ καλλίονες, 397 χερσίν, 398 πᾶσιν δ'ἱμερόεις, 399 θεά, 400 θεάων 413 ἀμφιθέουσι, 419 ἐχάρημεν, 422 μαλακοῖς, 431 ἱμείρετε, 443 εἰ σὺ κελεύεις, 451 ἀμφὶ δ'ἄρα χλαίνας, 459 ἄνδρες 461-84 *passim* θυμός 6x, 486 ἀμφ(ί), 502 μελαίνῃ, 506 λευκά, 512 εὐρώεντα, 515 δύω, 516 ὥς σε κελεύω, 518 ἀμφ(ι), 520 λευκά, 539 μέτρα, 542 ἀμφί δέ με χλαῖναν, 545 καλύπτρην, 552 νεώτατος.

Oltre che simili osservazioni sull'alta concentrazione delle ricorrenze tematiche, la scena del primo incontro tra Circe e Odisseo permette alcune importanti notazioni relative alla struttura e al significato dell'*Epodo*:

Ἑρμείας μὲν ἔπειτ' ἀπέβη πρὸς μακρὸν Ὄλυμπον
νῆσον ἀν' ὑλήεσσαν, ἐγὼ δ' ἐς δώματα Κίρκης

ἤϊα· πολλὰ δέ μοι κραδίη πόρφυρε κιόντι.   a
310 ἔστην δ' εἰνὶ θύρῃσι θεᾶς καλλιπλοκάμοιο·   b, c, d
ἔνθα στὰς ἐβόησα, θεὰ δέ μευ ἔκλυεν αὐδῆς.   c
ἡ δ' αἶψ' ἐξελθοῦσα θύρας ὤϊξε φαεινὰς   b, e
καὶ κάλει· αὐτὰρ ἐγὼν ἑπόμην ἀκαχήμενος ἦτορ.
εἷσε δέ μ' εἰσαγαγοῦσα ἐπὶ θρόνου ἀργυροήλου,
315 καλοῦ δαιδαλέου· ὑπὸ δὲ θρῆνυς ποσὶν ἦεν·   d
τεῦχε δέ μοι κυκεῶ χρυσέῳ δέπα, ὄφρα πίοιμι,
ἐν δέ τε φάρμακον ἧκε, κακὰ φρονέουσ' ἐνὶ θυμῷ.   f, g
αὐτὰρ ἐπεὶ δῶκέν τε καὶ ἔκπιον οὐδέ μ' ἔθελξε,
ῥάβδῳ πεπληγυῖα ἔπος τ' ἔφατ' ἔκ τ' ὀνόμαζεν·
320   « Ἔρχεο νῦν συφεόνδε, μετ' ἄλλων λέξο ἑταίρων. »   h
ὣς φάτ', ἐγὼ δ' ἄορ ὀξὺ ἐρυσσάμενος παρὰ μηροῦ   i, j
Κίρκῃ ἐπήϊξα ὥς τε κτάμεναι μενεαίνων.   k
ἡ δὲ μέγα ἰάχουσα ὑπέδραμε καὶ λάβε γούνων,   l, m
καί μ' ὀλοφυρομένη ἔπεα πτερόεντα προσηύδα·
325   « Τίς πόθεν εἰς ἀνδρῶν; πόθι τοι πόλις ἠδὲ τοκῆες;   n, o
θαῦμά μ' ἔχει ὡς οὔ τι πιὼν τάδε φάρμακ' ἐθέλχθης.
οὐδὲ γὰρ οὐδέ τις ἄλλος ἀνὴρ τάδε φάρμακ' ἀνέτλη,   h, n
ὅς κε πίῃ καὶ πρῶτον ἀμείψεται ἕρκος ὀδόντων.   p
σοὶ δέ τις ἐν στήθεσσιν ἀκήλητος νόος ἐστίν.
330 ἦ σύ γ' Ὀδυσσεύς ἐσσι πολύτροπος, ὅν τέ μοι αἰεὶ   a
φάσκεν ἐλεύσεσθαι χρυσόρραπις ἀργειφόντης,
ἐκ Τροίης ἀνιόντα θοῇ σὺν νηῒ μελαίνῃ.   q
ἀλλ' ἄγε δὴ κολεῷ μὲν ἄορ θέο, νῶϊ δ' ἔπειτα
εὐνῆς ἡμετέρης ἐπιβήομεν, ὄφρα μιγέντε   r
335 εὐνῇ καὶ φιλότητι πεποίθομεν ἀλλήλοισιν. »   s, t, h
Ὣς ἔφατ', αὐτὰρ ἐγώ μιν ἀμειβόμενος προσέειπον·
« ὦ Κίρκη, πῶς γάρ με κέλεαι σοὶ ἤπιον εἶναι,   u, v
ἥ μοι σῦς μὲν ἔθηκας ἐνὶ μεγάροισιν ἑταίρους,
αὐτὸν δ' ἐνθάδ' ἔχουσα δολοφρονέουσα κελεύεις   w, u
340 ἐς θάλαμόν τ' ἰέναι καὶ σῆς ἐπιβήμεναι εὐνῆς,
ὄφρα με γυμνωθέντα κακὸν καὶ ἀνήνορα θήῃς.
οὐδ' ἂν ἐγώ γ' ἐθέλοιμι τεῆς ἐπιβήμεναι εὐνῆς,
εἰ μή μοι τλαίης γε, θεά, μέγαν ὅρκον ὀμόσσαι   c
μή τί μοι αὐτῷ πῆμα κακὸν βουλευσέμεν ἄλλο. »   x, h
345   Ὣς ἐφάμην, ἡ δ' αὐτίκ' ἀπόμνυεν ὡς ἐκέλευον.   u
αὐτὰρ ἐπεί ῥ' ὄμοσέν τε τελεύτησέν τε τὸν ὅρκον,
καὶ τότ' ἐγὼ Κίρκης ἐπέβην περικαλλέος εὐνῆς.   d

a) cfr.9, 13, 23, 25. b) cfr.14. c) cfr.9, 10, 12. d) cfr. 4, 34. e) cfr. 20 e 33. f) cfr. 35 g) cfr. 2. h) cfr. 17. i) cfr. 25. j) cfr. 32. k) cfr. 35. l) cfr.3 μέγ'ἱμείρε[ι m) cfr. 29. n) cfr. 9 e 17. o) cfr. 27. p) cfr. 6. q) cfr. 11. r) cfr. 3. s) cfr. 15. t) cfr. 13. u) cfr. 13. v) cfr. 32. w) cfr. 25 [δόλους. x) cfr. 12, 16, 23.

Questo colloquio costituisce un sorprendente parallelo all'*Epodo* anche da un punto di vista contenutistico e strutturale: un uomo e una donna giungono a avere un rapporto sessuale dopo un dialogo nel corso del quale l'uno ha avanzato la proposta, e l'altro — dopo un iniziale rifiuto — l'ha accettata, ma sotto certe condizioni. Vi è uno scambio — ironico e paradossale a prima vista, ma in fondo giustificato dalla diversa natura dei parlanti — dei ruoli svolti rispettivamente dall'uomo e dalla donna, e similmente si sposta l'invito a 'sopportare'; la sostanza resta però la stessa, e si tratta di una diversa realizzazione del medesimo canto oggetto della performance di Archiloco. Occasione e contesto (sia poetico sia fisico) determinano le differenze.

Tra Agamennone e Odisseo, in λ, il colloquio ha ovviamente tutt'altro argomento, ma è nuovamente in rapporto a due donne che il destino dei due è confrontato: nelle parole di Agamennone, a Clitemestra si oppone polarmente Penelope, e il parallelismo è perfetto anche nel ricordo, foriero di vendetta, dell'unico figlio maschio.

Il tema τολμ-/τλ- compare drammaticamente una sola volta (v. 425), riferito a Clitemestra con una valenza semantica ambigua, in cui prevale certamente l''osare', ma dove alla 'mancanza di cuore' di un personaggio corrisponde sofferenza e necessità di sopportazione in un altro: è lo stesso modo nel quale il tema si realizza in ρ ai vv. 104 e 456, in un canto tutto percorso dall'osare e dal sopportare dei protagonisti: Penelope, Odisseo, Argo.

La contrapposizione fra le due donne è certo il motivo conduttore della rievocazione di Agamennone. Le frequentissime coincidenze tematiche inducono a ritenere che anche qui ci troviamo di fronte a una nuova e diversa realizzazione dello stesso gruppo di temi dell'*Epodo*, in un canto che tende a sviluppare una sola (o due) tra le molte possibilità inerenti al gruppo. Vediamo ancora una volta il dettaglio analitico, limitandoci ai vv. 405-61.

⁴⁰⁵ «διογενὲς Λαερτιάδη, <u>πολυμήχαν</u>' Ὀδυσσεῦ,   a
οὔτ' ἐμέ γ' ἐν νήεσσι Ποσειδάων ἐδάμασσεν,
ὄρσας ἀργαλέων ἀνέμων ἀμέγαρτον ἀϋτμήν,
οὔτε μ' ἀνάρσιοι <u>ἄνδρες</u> ἐδηλήσαντ' ἐπὶ <u>χέρσου</u>,   b, c(?)
ἀλλά μοι Αἴγισθος τεύξας θάνατόν τε μόρον τε
⁴¹⁰ ἔκτα σὺν οὐλομένῃ ἀλόχῳ, οἶκόνδε καλέσσας,
δειπνίσσας, ὥς τίς τε κατέκτανε βοῦν ἐπὶ φάτνῃ.
ὣς θάνον οἰκτίστῳ θανάτῳ· περὶ δ' <u>ἄλλοι</u> ἑταῖροι   d
νωλεμέως κτείνοντο, σύες ὣς ἀργιόδοντες,
οἵ ῥά τ' ἐν ἀφνειοῦ <u>ἀνδρὸς</u> μέγα δυναμένοιο   b, e
⁴¹⁵ ἢ γάμῳ ἢ ἐράνῳ ἢ εἰλαπίνῃ <u>τεθαλυίῃ</u>.   f, g
ἤδη μὲν <u>πολέων</u> φόνῳ <u>ἀνδρῶν</u> ἀντεβόλησας,   a, b
μουνὰξ κτεινομένων καὶ ἐνὶ κρατερῇ ὑσμίνῃ·
ἀλλά κε κεῖνα μάλιστα ἰδὼν ὀλοφύραο <u>θυμῷ</u>,   h
ὡς ἀμφὶ κρητῆρα τραπέζας τε πληθούσας   i
⁴²⁰ <u>κείμεθ</u>' ἐνὶ μεγάρῳ, δάπεδον δ' ἅπαν αἵματι θῦεν.
οἰκτροτάτην δ' ἤκουσα ὄπα Πριάμοιο <u>θυγατρός</u>,   j
Κασσάνδρης, τὴν κτεῖνε Κλυταιμνήστρη <u>δολόμητις</u>   b, k, l
<u>ἀμφ</u>' ἐμοί· αὐτὰρ ἐγὼ ποτὶ <u>γαίῃ χεῖρας</u> ἀείρων   i, m, c
βάλλον ἀποθνήσκων περὶ φασγάνῳ· ἡ δὲ <u>κυνῶπις</u>   n
⁴²⁵ νοσφίσατ', οὐδέ μοι ἔτλη ἰόντι περ εἰς Ἄϊδαο
<u>χερσὶ</u> κατ' ὀφθαλμοὺς ἑλέειν σύν τε στόμ' ἐρεῖσαι.   c
ὣς οὐκ αἰνότερον καὶ <u>κύντερον</u> <u>ἄλλο</u> γυναικός   n, d, o
ἥ τις δὴ τοιαῦτα μετὰ φρεσὶν ἔργα βάληται·
οἷον δὴ καὶ κείνη <u>ἐμήσατο</u> ἔργον ἀεικές,   l
⁴³⁰ κουριδίῳ τεύξασα <u>πόσει</u> φόνον. ἦ τοι ἔφην γε
ἀσπάσιος παίδεσσιν ἰδὲ δμώεσσιν ἐμοῖσιν
οἴκαδ' ἐλεύσεσθαι· ἡ δ' ἔξοχα λυγρὰ ἰδυῖα
οἷ τε κατ' αἶσχος ἔχευε καὶ <u>ἐσσομένῃσιν</u> ὀπίσσω   p
θηλυτέρῃσι <u>γυναιξί</u>, καὶ ἥ κ' εὐεργὸς ἔῃσιν.»   o
⁴³⁵ Ὣς ἔφατ', αὐτὰρ ἐγώ μιν ἀμειβόμενος προσέειπον·
«ὢ πόποι, ἦ μάλα δὴ γόνον Ἀτρέος εὐρύοπα Ζεὺς
ἐκπάγλως ἔχθαιρε <u>γυναικείας</u> διὰ <u>βουλὰς</u>   o, q
ἐξ ἀρχῆς· Ἑλένης μὲν ἀπωλόμεθ' εἵνεκα <u>πολλοί</u>,   a

σοὶ δὲ Κλυταιμνήστρῃ δόλον ἤρτυε τηλόθ' ἐόντι.»   k
440 "Ὣς ἐφάμην, ὁ δέ μ' αὐτίκ' ἀμειβόμενος προσέειπε·
«τῷ νῦν μή ποτε καὶ σὺ γυναικί περ ἤπιος εἶναι·   r, o, s
μηδ' οἱ μῦθον ἅπαντα πιφαυσκέμεν, ὅν κ' ἐῢ εἰδῇς,
ἀλλὰ τὸ μὲν φάσθαι, τὸ δὲ καὶ κεκρυμμένον εἶναι.
ἀλλ' οὐ σοί γ', 'Οδυσεῦ, φόνος ἔσσεται ἔκ γε γυναικός·   p, o
445 λίην γὰρ πινυτή τε καὶ εὖ φρεσὶ μήδεα οἶδε   t, l
κούρη 'Ικαρίοιο, περίφρων Πηνελόπεια.
ἦ μέν μιν νύμφην γε νέην κατελείπομεν ἡμεῖς   u
ἐρχόμενοι πόλεμόνδε· πάϊς δέ οἱ ἦν ἐπὶ μαζῷ   v
νήπιος, ὅς που νῦν γε μετ' ἀνδρῶν ἵζει ἀριθμῷ,   s, r, b
450 ὄλβιος· ἦ γὰρ τόν γε πατὴρ φίλος ὄψεται ἐλθών,   w
καὶ κεῖνος πατέρα προσπτύξεται, ἣ θέμις ἐστίν.
ἡ δ' ἐμὴ οὐδέ περ υἷος ἐνιπλησθῆναι ἄκοιτις
ὀφθαλμοῖσιν ἔασε· πάρος δέ με πέφνε καὶ αὐτόν.
ἄλλο δέ τοι ἐρέω, σὺ δ' ἐνὶ φρεσὶ βάλλεο σῇσι·   d
455 κρύβδην, μηδ' ἀναφανδά, φίλην ἐς πατρίδα γαῖαν   m
νῆα κατισχέμεναι· ἐπεὶ οὐκέτι πιστὰ γυναιξίν.   t, o
ἀλλ' ἄγε μοι τόδε εἰπὲ καὶ ἀτρεκέως κατάλεξον,
εἴ που ἔτι ζώοντος ἀκούετε παιδὸς ἐμοῖο,
ἤ που ἐν 'Ορχομενῷ, ἢ ἐν Πύλῳ ἠμαθόεντι,   x
460 ἦ που πὰρ Μενελάῳ ἐνὶ Σπάρτῃ εὐρείῃ·   y, z
οὐ γάρ πω τέθνηκεν ἐπὶ χθονὶ δῖος 'Ορέστης.»   m

a) cfr. 9, 13, 23, 25. b) cfr.9 e 17. c) cfr. 32. d) cfr.17. e) cfr. 3. f) cfr. 3. g) cfr. 29. h) cfr. 2. i) cfr. 7. j) cfr. 7. k) cfr. 25. l) cfr. 7. m) cfr. 8. n) cfr. 27. o) cfr. 8 e 20. p) cfr. 23. q) cfr. 12, 16, 23. r) cfr. 3, 8, 16. s) cfr. 32. t) cfr. 24. u) cfr. 9 e 33. v) cfr. 32. w) cfr.15. x) cfr. 14. y) cfr. 35. z) cfr. 8.

7.0.
Simili coincidenze tra Omero e Archiloco, riguardanti contemporaneamente l'aspetto tematico verbale e quello strategico semantico delle composizioni, non sono certamente limitate al solo *Epodo*.

A piú riprese è stato fatto notare come addirittura esista una somiglianza di fondo fra talune parti del racconto del falso mendico in ξ, e gli avvenimenti piú noti del bios archilocheo. Dopo le brevi osservazioni di K. Latte [65]/ — che vedeva i punti di contatto nella nascita illegittima da una schiava e un ricco cittadino, nel matrimonio (andato in porto per il Cretese, abortito per Archiloco) con una donna di nobile famiglia, nella vita avventurosa divisa fra la guerra e la pirateria —, il parallelo è stato ripreso e ampliato da B. Seidensticker [66]/, che ha innanzitutto indicato l'elemento forse piú inquietante di queste biografie parallele: giunto in Egitto, il Cretese salva la propria vita sottomettendosi al re del luogo, e per far ciò getta al suolo le proprie armi, e con esse lo scudo (ξ 276ss.). Per quanto ispirato da Zeus, il Cretese è un ῥίψασπις tale e quale Archiloco. Dopo aver preso in esame alcune altre sintomatiche convergenze, Seidensticker conclude avanzando con saggia cautela un'ultima affascinante suggestione: l'avventura egiziana del Cretese pare riprendere, mutandone solo la collocazione geografica e in parte la conclusione, l'avventura odissiaca presso i Ciconi (ι 39-61). E i Ciconi potrebbero essere, sulla base di Esichio, null'altro che i misteriosi Sai di Archiloco: di certo in ogni modo la vicenda odissiaca si svolge nei pressi di Ismaro, e la riscossa dei Ciconi ha luogo mentre i compagni di Odisseo sono occupati a ingozzarsi, tra l'altro, di quel vino che anche Archiloco tanto apprezzava.

Di fronte a tutto ciò Seidensticker sembra propendere per una massiccia influenza esercitata dal poema omerico su Archiloco [67]/, che avrebbe trovato in Odisseo un modello eroico consono alla propria indole. Con la logica conseguenza che buona parte delle vicende di Archiloco sarebbero fittizie, e noi avremmo a che fare «not with the 'real', but with the so-called 'poetic personality' of the poet» [68]/.

L'ipotesi di Seidensticker non tiene però conto di alcuni fatti, per i quali è improprio parlare di una diretta influenza dell'*Odissea* su Archiloco. Da un lato infatti è difficile pensare, agli albori o nella prima metà del VII secolo alla redazione e alla diffusione scritta di un poema massiccio quale l'*Odissea*, e questo anche per ragioni pratiche, ma non solo [69]/. Dall'altro, in una situazione di trasmissione e diffusione orale, è pressoché impossibile fare ipotesi attendibili sulla forma verbale, e in parte anche sul contenuto, di quel canto che ha trovato una stabile realizzazione nelle avventure del Cretese in ξ. Vi è ancora, in Seidensticker, un pizzico di imprecisione e schematismo: nell'episodio dei Ciconi nessuno getta lo scudo, mentre la possibilità di istituire un parallelo cosciente tra i due episodi sembra adattarsi meglio a un moderno lettore che a un ascoltatore di performances epiche. Le coincidenze sono però troppo numerose per ritenerle affatto casuali, e a quelle enunciate da Latte e Seidensticker se ne può aggiungere un'altra che, per quanto incerta, dà ancora più corpo alla convergenza Archiloco-Cretese (Odisseo).

Il fr. 93aW = 122T (cfr. test. 5T) consta di alcuni malridotti tetrametri provenienti dal *Monumentum Archilochi* di Paro (*FGrH* 502 III B): da essi e dal loro contesto (A col I 40-52) si ricava la narrazione di una vicenda che nelle grandi linee strutturali pare ancora una volta 'modellata' sulle avventure egiziane del Cretese [70]/. All'arrivo quasi pacifico del contingente straniero segue un improvviso peggioramento della situazione, del quale sono responsabili gli stranieri, e tutto si conclude con una loro pesante sconfitta e strage. Il v. 7 contiene la spiegazione del comportamento colpevole e rovinoso degli stranieri, e per questo è paragonabile a ξ 262: anche la collocazione strutturale rispetto al procedere del racconto è simile e sembra riflettere un contrasto tra opinioni e proposte di comportamento diverse, assimilabile al contrasto tra Odisseo o il Cretese e i rispettivi compagni in ι e ξ.

7.1.
Cosciente imitazione e pura casualità sono però solo i punti estremi al cui interno si colloca la più probabile spiegazione di queste coincidenze. Esse non sono altro che la conseguenza del modo tradizionale di narrare proprio della poesia orale. È da supporre, a mio parere, l'esistenza di un canto tradizionale del quale le avventure odissiache e i tetrametri archilochei costituiscono tre diverse, ma collegate (tra ι e ξ non poche sono le connessioni tematiche), realizzazioni. Nulla naturalmente impedisce che, all'interno dello schema del canto tradizionale, Archiloco potesse poi organizzare la narrazione di avveni-

menti reali, capitati in un qualche momento della difficile colonizzazione di Taso (cfr.sopra I 2.8.).

7.2.

Un ulteriore indizio della diffusione (e connessione) di questi canti possiamo forse trovare in Erodoto: nel contesto di un aggiornamento della situazione spartana in occasione della venuta nella città di Aristagora di Mileto, lo storico narra anche la triste storia del fratellastro del re Cleomene, il valoroso ma impaziente Dorieo (5, 41-48). Questi non è un bastardo, ma la storia della sua nascita è egualmente complessa, e in ogni caso è figlio di una diversa madre rispetto al fratellastro legittimo erede della regalità paterna. Insofferente di questa situazione, Dorieo decise di andarsene a fondare una colonia. Il suo primo exploit, diretto verso le terre della Libia, ebbe però piú le caratteristiche di un'azione piratesca che di una regolare ἀποικία (5,42). La cosa, dopo un inizio favorevole, finí male e Dorieo se ne dovette tornare indietro. Il secondo tentativo lo fece, dopo una serie di oracoli, verso la Sicilia; qui giunto Dorieo non si attenne in tutto a quanto l'oracolo gli aveva comandato, ma (almeno secondo una versione dei fatti data dai Sibariti) appoggiò i Crotoniati contro Sibari, e con essi la conquistò. Proprio per questa trasgressione alla volontà dell'oracolo Dorieo e i suoi compagni in seguito perirono.

Fin qui il racconto erodoteo contiene solo alcuni sparsi elementi (nascita incerta, azioni di pirateria, fondazione di una colonia prescritta dall'oracolo di Delfi) troppo generici per autorizzare un qualsiasi collegamento con le vicende archilochee. Al capitolo 47 si inserisce però (vero sintomo rivelatore) la storia di un compagno di Dorieo: Filippo, crotoniate ma esiliato dalla sua città, condivise il destino dello spartano nella guerra contro Sibari e nelle successive vicende fino alla morte. Questo Filippo, per quanto crotoniate, partecipa alla guerra a titolo del tutto personale; da Crotone fu infatti esiliato perché fidanzato con la figlia del re di Sibari, ma si ritrovò poi in mezzo a una strada e desideroso di vendetta — che si prese puntualmente — perché rifiutato e messo alla porta dalla ragazza e da suo padre.

Nel racconto di Erodoto questo Filippo compare e scompare come un lampo, e il suo inserimento pare dovuto piú che altro a uno di quei collegamenti involontari propri dell'*adding style* della narrazione orale: si pensi per esempio all'ampliamento della genealogia di Cleopatra in I 559-64. Si tratta solitamente di vere e proprie intrusioni di un canto nell'altro, che per la loro estraneità vengono talvolta compresse dal cantore, fino a risultare per questo oscure e fonte di infiniti grattacapi per gli esegeti moderni: per l'antico ascoltatore si trattava semplicemente di una finestra momentaneamente aperta su una storia tradizionale diversa da quella narrata, ma per altri versi nota, almeno potenzialmente.

Sembra perciò possibile formulare l'ipotesi che alla base di questa storia di Dorieo, e soprattutto della sua parte sibarita, vi sia una qualche composizione rapsodica udita da Erodoto (p.e. a Turi, ultimo approdo dei Sibariti superstiti [71]/) e utilizzata al momento opportuno nella stesura delle *Storie*. In questo canto le vicende di Dorieo erano narrate all'interno di uno schema per molti aspetti comune a parte delle vicende di Archiloco e a quelle del Cretese, e Filippo vi compariva a completare una valenza (rottura del fidanzamento e violenta vendetta sui fedifraghi) che restava libera: come è noto gli schemi dei canti orali sono assai liberi, e è normale che i temi talvolta concentrati intorno a un personaggio si distribuiscano in altre occasioni tra molti.

Attraverso la marcata influenza di un canto rapsodico (ma la forma esametrica è solo un corollario non necessario alla validità dell'ipotesi nel suo complesso) è possibile comprendere meglio l'andamento bizzarro della storia («mehr poëtisch als tatsächlich»[72]/), che si presenta come ampliamento di un'unica informazione pertinente, il fatto che a Anassandride era successo Cleomene, ripetuta due volte secondo il modello della ring-composition al principio e alla fine della storia di Dorieo (cc. 39 e 48). In questa si inserisce poi la vicenda di Sibari (con la comparsa ulteriore di Filippo di Butacide), che fa sí che Erodoto tralasci di dare una chiara conclusione alla storia delle colonizzazioni di Dorieo [73]/.

Due ulteriori elementi paiono confortare da prospettive diverse l'ipotesi avanzata: in 5, 42 Dorieo parte alla volta della Libia guidato da uomini di Tera. L'improvvisa comparsa di costoro si spiega facilmente con i rapporti che i Terei ebbero con la Libia e la fondazione di Cirene, quali vengono narrati nel libro precedente. Ma il collegamento decisivo, almeno sul piano compositivo, è leggermente diverso e rivela l'influenza esercitata su Erodoto dalla tecnica compositiva tradizionale: se leggiamo in 4, 147 la storia dello spartano Tera, eponimo dell'isola, vi troviamo una vicenda per molti aspetti simile a quella di Dorieo, e la somiglianza diventa ancora piú forte se riguardiamo le due frasi che contengono le ragioni della partenza dei due personaggi:

4, 147, 3 ὁ Θήρας δεινὸν ποιεύμενος ἄρχεσθαι ὑπ'ἄλλων κτλ.

5, 42, 2 ὁ Δωριεὺς δεινόν τε ποιεύμενος καὶ οὐκ ἀξιῶν ὑπὸ Κλεομένεος βασιλεύεσθαι κτλ

Per quanto riguarda invece il contenuto della storia di Dorieo e il suo rapporto con la realtà, qualche sospetto suscita il nome del tiranno-re di Sibari. Tellis pare poco piú che un nome collegato agli estremi momenti della sua città, manca nelle fonti un patronimico e variabile è il modo in cui viene designato: è βασιλεύς per Erodoto, τύραννος per Eraclide Pontico (fr. 49 Wehrli *ap*. Ateneo 12, 21, 521 e), δημαγωγός per Diodoro (12, 9, 2). Anche se non esiste alcuna fondata ragione per revocare in dubbio la storicità del personaggio, credo che egualmente ci si debba interrogare su quale fosse veramente il nome che Erodoto udí ricordare dalle sue fonti e quali le associazioni che esso poteva eventualmente provocare o aver provocato. Esistono a mio parere due possibilità, la prima per cui l'erodoteo Τῆλυς sarebbe semplicemente l'adattamento di un nome dorico Τᾶλυς, e in questo caso mi sembra anche troppo ovvio come un tale personaggio possa essersi trovato coinvolto in una vicenda di fidanzamenti andati a monte, considerata la chiara connessione del nome con τᾶλις «fidanzata». Esiste però — ed è la seconda possibilità — nell'ambito dei dialetti dorici un nome storicamente attestato che, udito in un contesto poetico, poteva essere confuso con Τῆλυς; si tratta di Τέλλυς di Ambracia noto da una iscrizione [74]. E in questo caso il nome del re di Sibari mostrerebbe una somiglianza meritevole di sospetto con nomi quali Τέλλις o Τελεσίκλης, dei quali West ha mostrato lo stretto collegamento con la poesia giambica. [75].

8.0.
Ritornando al tema τολμ-/τλ- possiamo dire che esso è centrale in una serie di canti (o sezioni di canti) in vario modo associati nella pratica compositiva propria anche all'*Epodo*. In particolare nel sistema delle associazioni rientrano elementi tematici di natura assai diversa, e difficilmente collegabili a livello superficiale (δι-/δυ, ἀμφ-, μηδ-/ μεδ-, χλ- etc.). Questi, nella loro regolarità, sono indizi di un sistema di associazioni assai piú profondo quale è la tradizione, operante nella memoria del cantore.

Da tutto ciò non deriva che i canti letti nei paragrafi precedenti possano essere definiti «songs della *tolme*», e ciò proprio per il fatto che il principio strategico ordinatore di un canto non ha natura verbale, ma è appunto un modello, uno schema. La centralità del tema τολμ-/τλ- induce piuttosto a considerare a fondo le possibilità semantiche e in generale espressive collegate al suo uso: subito evidente è la sua ricchezza semantica, sbrigativamente resa, in traduzioni o parafrasi, ricorrendo a parole (sostantivi, verbi etc.) tra loro diverse. E cosí, p.e., il verbo τλῆναι, significando pressappoco «prendere su di sé» [76], può designare azioni qualitativamente differenti e in un certo modo opposte, quali «osare» e «sopportare». All'unicità del segno e del significato, si affianca una ambiguità al livello della designazione concreta (dell'uso), che può essere di volta in volta eliminata solo grazie alle caratteristiche specifiche del codice, del contesto e degli altri accidenti (intonazione etc.) che compongono il messaggio. Piú in generale si può dire che la risposta del percettore del segno dipende dal modello e dalle modalità della comunicazione in cui il segno è inserito; ma in ogni caso, di fronte a segni quali il verbo τλῆναι, un margine di ambiguità, o un rischio, percorre il messaggio.

A ben vedere, un simile rischio di essere fraintesi, di comunicare messaggi non univoci, sembra assumersi un ruolo importante nell'*Epodo*: ambiguo è il significato dei vv. 14-6, sospesi — quale ne sia stata la formulazione originaria[77]/— tra un senso letterale e uno metaforico, entrambi problematici[78]/ ma possibili; e anzi, tra alcuni sensi letterali e altri metaforici, tra loro variamente combinabili. Ma il fattore di ambiguità piú forte e decisivo risiede nella struttura stessa della comunicazione sottesa all'*Epodo* e nell'aspetto pragmatico della poesia arcaica[79]/, ove i condizionamenti derivanti dal nesso pubblico-occasione-funzione tendono necessariamente a imporre il codice della performance[80]/.

Lo schema della comunicazione che si realizza nell'*Epodo* è perciò complesso, pur nella brevità e incompletezza del testo. Esiste una comunicazione diretta tra il poeta e il pubblico, tra emittente (E) e ricevente (R) principali, come avviene nei versi finali (28-35) e nel segmento connettivo v. 6. Ma lo stesso E, narratore immediato, è anche ricevente (r) ed emittente (e) di messaggi che in prima istanza gli vengono indirizzati, e egli indirizza, da/a una figura di emittente (e') e ricevente (r') interno al proprio racconto. Naturalmente anche questi messaggi hanno come destinatario ultimo R, cioè il pubblico.

Questo uno schema possibile:

$$\alpha = vv.\ 1\text{-}5$$
$$\beta = vv.\ 7\text{-}27$$
$$\gamma \begin{cases} \gamma' = v.\ 6 \\ \gamma'' = vv.\ 28\text{-}35 \end{cases}$$

E = Archiloco narrante
R = Pubblico
r (E) = e (E) = Archiloco parlante
e' (E) = r' (E) = Ragazza[81]/
R è un'incognita.

Nulla garantisce l'identità e l'unicità dei codici linguistici, ma anche culturali, impiegati nelle diverse parti del frammento, e da ciò soprattutto deriva la possibilità di una comunicazione contrassegnata da un elevato tasso di ambiguità. Piú in particolare si può dire che l'ambiguità si sviluppa da una mancata corrispondenza tra i codici impiegati nelle parti di comunicazione mediata (i segmenti α e β nello schema) e le parti di comunicazione diretta (γ nello schema)[82]/.

9.0.

Lo sdoppiamento dei codici è emblematicamente possibile fin dal primo dei versi conservati: l'invito a τλῆναι (o la constatazione della sua necessità) — impostata da e', (correttamente) decodificabile da r come un riferimento alla 'sopportazione', successivo a quello a astenersi — poteva suonare, per un auditorio ben disposto e indirizzato, come una ammiccante anticipazione, da parte di E, della 'audace' conclusione [83]/.

Una tale ambiguità, favorita dalla stessa organizzazione interna del messaggio, potrebbe non essere altro che il primo (per noi) apparire di un vero e proprio sistema di ambiguità e doppi sensi, principio generatore e strategico del canto stesso.

Segni diretti di questa dominante ambiguità sono effettivamente presenti nell'*Epodo*: non mi riferisco qui alla produzione di nessi ambigui (o non solo a questo), bensí al ricorrere con funzioni altamente significative di particolari temi, che di per sé svelano e illustrano la presenza dominante dell'ambiguità, della non univocità.

Due temi tradizionalmente associati in contesti in cui compare e domina τολμ-/τλ-, e cioè ἀμφ- e μηδ-/μεδ- (v. sopra), appaiono uniti a formare Ἀμφιμεδώ, il nome della madre della protagonista. Il nome è il corrispondente femminile di

'Αμφιμέδων: un personaggio di questo nome compare tra i proci nell'*Odissea,* è ucciso da Telemaco, e ricompare a colloquio con Agamennone nell'Ade. E. Livrea [84]/ fa notare la consonanza (un «sorprendente raffronto») tra i vv. 7-8 dell'*Epodo* e ω 106s.; è forse ancora piú sorprendente scoprire, nel prosieguo, che nella risposta di Amfimedonte (ω 120-90) — una sorta di riassunto delle vicende itacensi, dall'inganno della tela alla strage — si innesta il tema τολμ-/τλ- con una notevole serie di associazioni presenti anche nell'*Epodo*. E la risposta di Agamennone (vv. 192-202) è naturalmente una nuova contrapposizione tra due donne, da una parte Penelope esente da μῶμος (194 ἀμύμονι), dall'altra la figlia di Tindaro che (199) κακὰ μήσατο ἔργα. Che Amfimedò sia l'«ambigua» per eccellenza è sostenuto innanzitutto da B. Marzullo [85]/, come pure da Van Sickle [86]/; di diversa opinione è Degani [87]/, ma l'associazione di Amfimedò l'«ambigua» con Neobule «che cambia idea» mi sembra assicurare che, fra le allusioni rese possibili dall'unione tra ἀμφί e μέδομαι, quella relativa all'ambiguità sia la piú probabile. Ciò implica l'accettazione almeno parziale delle tesi di West [88]/, secondo il quale molti dei nomi che compaiono nella poesia giambica sono tradizionali, illustrativi (o allusivi) di un carattere o di una situazione. La teoria di West ha suscitato in breve tempo numerose reazioni, sia positive sia negative; per quanto riguarda le conseguenze che essa può avere sull'interpretazione dell'*Epodo*, le differenti e contrapposte opinioni degli studiosi sono state accuratamente registrate da Degani [89]/, a sua volta sostenitore della teoria di West.

Piú recentemente un disaccordo completo ha motivato a piú riprese H.D. Rankin [90]/.

9.1.

Occorre però essere per prima cosa d'accordo su che cosa si intenda per nome fittizio. La presenza nelle composizioni di Archiloco di alcuni nomi appartenenti a persone sicuramente esistite non implica che anche tutti gli altri nomi propri siano dello stesso genere, e viceversa alla presenza di alcuni nomi fittizi non consegue né che tutti i nomi siano tali, né che dietro a questi nomi non si celino persone e avvenimenti corposi e reali. La natura e gli scopi delle diverse performances possono esercitare un condizionamento in questa direzione, e inoltre diverse sono le funzioni che i personaggi nominati svolgono all'interno delle composizioni. È cosí giusto sottolineare le prove dell'esistenza di Glauco figlio di Leptine [91]/, ma occorre altresí ricordare che Glauco svolge — tranne che nel brevissimo fr. 117W = 95T, sul quale è ben difficile imbastire qualsiasi teoria — la funzione di destinatario del canto, e ovviamente un canto che si indirizzi o usi come «epicentro» [92]/ un personaggio reale non necessariamente deve contenere personaggi agenti e narrazione di fatti altrettanto reali.

È incontestabile a ogni modo che molti nomi siano in Archiloco parlanti, e che per di piú si adattino assai bene al contesto nel quale sono inseriti. Certamente un nome parlante non è necessariamente fittizio, e a questo proposito Rankin ha pienamente ragione[93]/, ma è altrettanto vero che se il poeta, per una qualche ragione, vuole o deve far ricorso a nomi fittizi, facilmente questi saranno parlanti, o in qualche modo legati e allusivi al contesto. H. Mühlestein in due articoli[94]/ ha mostrato in quali modi la tradizione epica abbia saputo creare nomi appropriati ai personaggi, in rapporto alle situazioni in cui essi compaiono e alle funzioni da essi svolte. Ai numerosi esempi di Mühlestein si può certamente aggiungere il nome del padre di Femio: da χ 330 Femio risulta figlio di Terpio, con una evidente connessione con un verbo — τέρπειν — che svolge una funzione primaria nella definizione dell'attività del cantore e degli effetti del canto, al punto da essere in taluni casi (p.e. α 347) usato come sinonimo di ἀείδω. Un esempio ancora piú clamoroso di come la performance nel suo complesso possa indirizzare il poeta e suggerirgli il nome piú adatto, è l'attribuzione del nome Pisistrato a uno dei figli di Nestore. M.S. Jensen[95]/ ha mostrato come ciò sia conseguenza dell'interazione fra la tecnica compositiva orale e la redazione dei poemi avvenuta in Atene all'epoca di Pisistrato; non è certo casuale che il nome del tiranno, patrono dell'operazione culturale (o padre di questi) sia stato attribuito proprio al figlio di un personaggio che in piú modi pare legato all'Attica, e sul quale piú si è fatta sentire l'influenza attica.

9.2.
Un altro segno diretto del motivo dell'ambiguità è nel rilievo dato al tema δι-/δυ-: la ragazza non è διπλόη (v.24), evidentemente lo è invece Neobule, che rispetto alla ragazza è anche due volte piú vecchia (δὶς τόση v. 17: si noti l'identica scansione rispetto al v. 24). Le estese connessioni del tema sono già state enucleate in 5.2., ora si può aggiungere che da διπλόη si genera un complesso sistema in cui rientrano ἄμωμον (v. 5: con il valore sociale che gli attribuisce Degani [96]/) e il contrapposto ὅπως ... γείτοσι χάρμ'ἔσομαι (vv. 22-3), e inoltre δὶς τόση, ἄπιστος (v.24) e πολλοὺς δὲ ποιεῖτα[ι (v.25) qualunque sia il sostantivo perduto.

10.0.
Constatata la presenza di elementi, tematicamente rilevanti, che introducono da protagonista la nozione dell'ambiguità, passiamo ora a esaminare dove essa in concreto operi.

Intorno ai vv. 13-6 si sono affaticati non poco gli editori e i commentatori del papiro, sia per quanto riguarda l'integrazione delle parti perdute, sia per l'interpretazione del senso generale del passaggio; una registrazione di questa attività è nell'apparato all'edizione definitiva del papiro[97]/: un accordo abbastanza generale si ha attorno al nesso esplicativo σχήσω γὰρ ἐς ποηφόρους *(vel similia)* κήπους (vv. 15-6). Per i versi precedenti, direi che una mediazione tra le varie integrazioni e ricostruzioni sia possibile in parafrasi del tipo: 'l'io parlante accetta almeno una parte del comportamento impostogli (suggeritogli) dalla ragazza, ma il suo desiderio di ... [98]/ sotto i fregi e le porte è tale da fargli chiedere alla ragazza di non opporvisi'. Se ciò pare abbastanza soddisfacente in un campo nel quale da sempre i punti di disaccordo superano quelli di accordo, lo è assai meno se si passa a considerare le interpretazioni proposte per il passo: a fronte della recisa affermazione degli editori, favorevole a un valore metaforico generalizzato — e in cui i sensi si trasferiscono dal campo architettonico e marinaro a quello anatomico e sessuale —, si è costituito un partito di oppositori che negano, in tutto o in parte, l'opinione di Merkelbach e West, peraltro seguita con integrazioni e precisazioni — talvolta curiose[99]/ — da una altrettanto e forse piú fitta schiera di studiosi. Particolarmente argomentata, dal punto di vista linguistico come da quello strutturale, è l'interpretazione di M. Treu[100]/: nelle parole di Archiloco non si celerebbe altro che la richiesta di un più tranquillo *rendez-vous* con la ragazza, del quale verrebbero precisati l'ora (vv.11-2) e il luogo (vv. 14-5). Il *rendez-vous* proposto non sarebbe altro che quello durante il quale il nostro giovanotto lascia da parte le parole e passa finalmente all'azione (vv. 28-35).

Le difficoltà connesse anche a questa interpretazione sono molte, alcune semplicemente insolubili (perché questo cambiamento di luogo? a quali giardini *dentro* la città fa riferimento Archiloco?), su altre è possibile avanzare qualche ipotetica soluzione[101]/. Alla fine, ciò che a mio parere resta sono due argomenti, uno a favore e uno contro Treu: è a suo favore la corrispondenza precisa tra i ποηφόροι κῆποι (vv. 15-6) e gli ἄνθεα τελεθάοντα (v. 28). Altamente problematica resta però la complicazione formale e in fondo l'oscurità del lungo passaggio nel quale il *rendez-vous* viene proposto. Non vi è verso in cui, al di là dei dubbi provocati dallo stato del testo, non si annidi una qualche possibilità di doppia interpretazione, normalmente maliziosa. E infatti: v. 11 ἐπ'ἡσουχίης «con calma», ma Gentili sulla base di Saffo S261A, 7ss. sospetta un significato attinente alla sfera sessuale, del tipo «in vista della pace dei sensi»[102]/; v. 12 σὺν θεῷ oltre che un generico riferimento all'aiuto divino (I 49, cfr. Degani-Burzacchini 14 *ad v.*) può anche segnare l'inizio di un furbesco ritorno all'indietro, che attraverso lo θεῖον χρῆμα giunge alle τέρψιες θεῆς, ad Afrodite e ai suoi piacevoli giochi. V. 13: evidente l'ambiguità se avesse ragione Merkelbach che propone σπ]είσομαι, peraltro paleograficamente improbabile per ragioni di spazio. Anche con πείσομαι, tuttavia, l'allusione un po' complice è possibile: potrebbe riferirsi all'ambiguità potenziale dell'invito a τλῆναι pronunciato al v. 1 dalla ragazza: «obbedisco, oso infatti». E per concludere, «la cornice», le «porte» e i «giardini erbosi».

10.1.
Torniamo ora al modello di comunicazione proposto prima al paragrafo 8.0.: gli emittenti e i riceventi interni sono tutti, in una certa misura, funzioni di E; e ancora: il flusso 'forte' della comunicazione scorre tra E e R. Qui sta forse la chiave interpretativa del passaggio e dell'*Epodo*: il livello significativo, sul quale si collocano gli scambi verbali e'-r e soprattutto e-r', non è il medesimo del rapporto E-R; quello che nel dialogo interno viene decodificato a livello naturalistico-realistico dai protagonisti, viene invece decodificato come metaforico, allusivo e ambiguo (perché anche realistico) al livello E-R.

Il sistema delle ambiguità si rivela non semplice ornamento letterario, ma ragione d'essere e schema portante dell'*Epodo*; la sua esistenza è però condizionata dalle possibilità offerte da E a R di intendere la natura ambigua del colloquio tra i protagonisti. La necessaria griglia interpretativa si trova, come è logico, nella parte di comunicazione diretta tra E e R, dalla quale sono invece esclusi sia il personaggio maschile parlante, sia soprattutto la ragazza, sopra la testa e un po' a spese della quale passa l'ambiguità.

10.2.
V.28s. ...παρθένον δ'ἐν ἄνθε[σιν] / [τηλ]εθάεσσι λαβὼν ἔκλινα, κτλ. Fin dalle prime parole della sezione descrittiva finale i termini dell'ambiguità contenuta nei versi precedenti vengono chiariti. L'aspetto denotativo del sintagma assicura che l'appuntamento ha avuto luogo, nel prato erboso, tra i fiori, secondo gli accordi; ma alla funzione denotativa si affianca quella connotativa, che su un altro piano di significazione anticipa e riassume il gioco erotico che immediatamente segue. Entra in gioco un codice piú ampio (e tradizionale) che associa il prendere e il distendere/si tra i fiori a una valenza afro-

ditica e sessuale. Per essere piú precisi, il processo di transcodificazione ha luogo due volte, e ogni volta il significato connotato è il medesimo. L'espressione significativa funge infatti da piano dell'espressione di due diversi significati connotati:
a) «unione sessuale» direttamente, come attestano passi quali Ξ 346-51 o Hes *Th*. 278-9;
b) «Afrodite» — la cui evocazione diretta o indiretta trascorre da un capo all'altro del frammento —, di cui è inutile sottolineare i legami cultuali e mitologici con i fiori; a sua volta, il significato connotato «Afrodite» funge da nuovo piano dell'espressione associato al significato anch'esso connotato «unione sessuale»[103]/.

Questa, a mio parere, la chiave ultima per comprendere il significato reale di tutto quanto nell'*Epodo* si dice; chiave — lo ripeto — che viene messa nelle mani solo del pubblico, destinatario finale. Sintomaticamente, la soluzione dipende ancora da un fenomeno di ambivalenza verbale, di natura però diversa dell'ambiguità, costitutiva delle parti parlate. Qui i diversi significati non si distribuiscono tra i destinatari del messaggio, ma coesistono come livelli diversi di decodificazione dello stesso messaggio.

10.3.

Sciolto questo nodo, e offerto agli ascoltatori il mezzo per interpretare correttamente tutto l'*Epodo*, Archiloco si avvia a concludere l'avventura lungo linee affatto tradizionali; almeno fino all'inatteso verso finale, il cui inserimento in una composizione orale pare piú che altro assicurato da un imponente sistema di collegamenti e richiami di natura fonica e formale [104]/. Del tutto tradizionale è pure il riferimento, ma soprattutto l'uso della χλαῖνα (vv. 29-30), nonostante i dubbi di alcuni (Marzullo) e le interpretazioni devianti di altri. Sia Gentili [105]/, sia Degani [106]/ hanno chiarito come l'azione di Archiloco trovi numerosi e risolutivi paralleli, tra i quali il piú importante pare quello con Ξ 341-5 e 350-1. In risposta a Era che aveva inizialmente rifiutato il rapporto alla luce del sole, Zeus promette di avvolgere (ἀμφικαλύπτειν) entrambi in una nube dorata, che li nasconda alla vista degli altri dei; e ciò puntualmente si verifica. La verecondia di Era sembra non dipendere tanto dal desiderio di allontanare Zeus dal suo posto di osservazione, quanto da una motivazione piú profonda, di natura culturale (o comportamentistica). La segretezza e il desiderio di non essere scorti da occhi indiscreti sembrano una costante di tutte le situazioni in cui un rapporto sessuale è descritto o alluso. L'unione sessuale — avvenga tra uomini, tra dei, tra uomini e dei — è sempre descritta in termini che non lasciano dubbi circa il desiderio di segretezza e di riservatezza dei protagonisti; l'oscurità e/o un luogo chiuso intervengono quasi sempre per difendere l'αἰδώς (cfr. ε 225-8; *h. Merc.* 6-7; *h. Ven.* 173), e un ancestrale desiderio di celare le proprie nudità pare presente nei personaggi dei poemi omerici: è il caso di Odisseo che svelle un ramo prima di comparire a Nausicaa e alle ancelle (ζ 127ss. e 136), ma soprattutto di Anchise, la cui prima reazione all'apprendere di aver fatto all'amore con una dea è quella di coprirsi (*h. Ven.* 183: χλαίνῃ τε καλύψατο καλὰ πρόσωπα) [107]/.

Il significato culturale della χλαῖνα gettata sui corpi dei giovani dell'*Epodo* può essere infine meglio compreso rileggendo il famoso episodio degli amori di Ares e Afrodite in θ 266-366. I guai di Ares e Afrodite iniziano proprio perché i loro incontri vengono visti da un indiscreto testimone, il Sole (θ 270s.); e a questa infrazione di un codice culturale segue la punizione, e sui corpi dei due, evidentemente nudi e scoperti, piomba la meravigliosa rete di Efesto, fatta di catene, ma assai simile a un tessuto (θ 280 ἠύτ'ἀράχνια λεπτά). La rete ha molteplici funzioni, oltre naturalmente a quella di immobilizzare i due: da un lato copre gli adulteri, reintroducendo in modo allusivo il codice violato, dall'altro — proprio perché è strumento di punizione (contrappasso?) — non nasconde alla vista né di Efesto, né degli altri dei accorsi i corpi dei prigionieri. Le dee infatti, per pudore (θ 324 αἰδοῖ) si astengono dal recarsi ad ammirare lo spettacolo. Fino a che punto sia disonorevole essere visti in una tale situazione, viene definitivamente chiarito nella paradossale risposta di Ermes ad Apollo

(qui essi ricostituiscono per un attimo la irresistibile coppia comica dell'*Inno omerico a Ermes):* ai vv. 339ss:.
αἲ γὰρ τοῦτο γένοιτο...
(i.e. εὕδειν ἐν λέκτροισι παρὰ χρυσέῃ 'Αφροδίτῃ)
δεσμοὶ μὲν τρὶς τόσσοι ἀπείρονες ἀμφὶς ἔχοιεν
ὑμεῖς δ'εἰσορόῳτε θεοὶ πᾶσαί τε θέαιναι,
αὐτὰρ ἐγὼν εὕδοιμι παρὰ χρυσέῃ 'Αφροδίτῃ [108]/.

10.4.
Anche la gestualità descritta negli ultimi versi dell'*Epodo* sembra contrassegnata dal completo rispetto della tradizione. Dopo aver sdraiato la ragazza tra i fiori e cingendole il collo con un braccio (v.30)[109]/,]ων τε χερσὶν ἠπίως ἐφηψάμην (v. 32). Accogliendo, come la quasi totalità degli studiosi ha fatto, per questo verso l'integrazione μαζ]ῶν proposta da West, Van Sickle indica in una scultura lignea (ora distrutta) di epoca arcaica (625-600 ca.), proveniente da Samo e raffigurante Zeus e Era, un possibile parallelo alla gestualità dei protagonisti dell'*Epodo*[110]/.

Alcune difficoltà si frappongono tuttavia all'accettare l'integrazione di West, e di conseguenza a considerare il gruppo ligneo indicato da Van Sickle come rappresentativo della gestualità descritta nell'*Epodo*. Queste difficoltà sono intrinseche proprio alla scena raffigurata nella scultura samia, dove i due protagonisti sono ancora in piedi, mentre nell'*Epodo* l'abbraccio e il palpeggiamento da parte del giovane avvengono dopo che i due amanti si sono distesi nell'erba. L'abbraccio tra Zeus e Era mostra piuttosto analogie con i gesti allusi in Ps.-Teocrito 27, 49, la principale testimonianza letteraria addotta dai critici a favore di μαζῶν[111]/. Ma nello Ps.-Teocrito la situazione è sostanzialmente diversa da quella dell'*Epodo*: i personaggi sono, per il momento, ancora in piedi e vestiti. In generale inoltre il tocco dei seni sembra appartenere a una fase preliminare del gioco amoroso, come si può ricavare da una lettura di Ps.-Luciano, *Amores* 53[112]/.

Piú vivace e incisiva, e nello stesso tempo ancor piú tradizionale e fortemente radicata nei costumi sessuali della Grecia antica, la scena che si delinea accogliendo l'integrazione alternativa offerta da Merkelbach: μηρ]ῶν.

Μηρός, occorre precisarlo perché su questo punto *LSJ* (s.v.) è carente, non designa solamente il femore e la coscia, ma anche le natiche e il sedere in generale. Una tale possibilità nell'uso di μηρός è chiaramente attestata nel frammento del comico Eubulo 130 Kock II:

αὐτοῖς δὲ θεοῖσι τὴν κέρκον μόνην
καὶ μηρὸν ὥσπερ παιδεραστοῖς θύετε.

L'associazione di μηρός con κέρκος nel gioco comico non lascia dubbi sul suo significato [113]/; l'alternanza nell'uso del singolare e del plurale tra l'*Epodo* e il frammento comico non dovrebbe a sua volta porre problemi (proprio per la conformazione della parte del corpo di cui si sta parlando).
Integrando dunque μηρῶν, e interpretando questo nel significato di natiche, la meccanica dei gesti e degli atteggiamenti diviene assai piú chiara e trova un riscontro, puntuale fin nei minimi particolari, in una raffigurazione vascolare del VI secolo[114]/: in essa i due amanti sono sdraiati (vv. 28-9 dell'*Epodo*), entrambi sono coperti da uno stesso mantello (vv. 29-30), l'uomo abbraccia la donna e con un braccio le cinge il collo e le spalle (v.30), mentre l'altro braccio appare quasi verticale e proteso a insinuarsi tra i μηροί della compagna (v.32). I gesti descritti da Archiloco, lungi dall'avere alcunché di anormale o violento, riflettono appieno una sorta di codice gestuale noto e anche altrove accettato nella stilizzazione di simili situazioni erotiche[115]/.

Se ritorniamo a Ps.-Luciano, *Amores* 53-4, vediamo che, coerentemente con la nostra interpretazione, i μηροί — con probabile ambivalenza di significato — entrano nel gioco amoroso proprio nella fase finale, più calda (ὁ ἔρως θερμοτέρου τινὸς ἅπτεται πράγματος)[116]/.

11.0.

Le interpretazioni proposte nei paragrafi precedenti convergono nell'indicare che l'*Epodo* è un sistema altamente complesso, sia per la struttura della comunicazione che gli è sottesa, sia per la compresenza di due (almeno) livelli di significazione. Per questo esse offrono facilmente il fianco a una critica che denunci l'incompatibilità fra un prodotto cosí complesso e la poesia greca arcaica, o piú in generale la poesia orale. Né l'attesa di tale critica è puramente teorica, perché essa è già stata, in un certo senso, formulata.

Nel dibattito che oppone i sostenitori dell'immediata identificazione tra l'Io dell'*Epodo* e Archiloco, e i sostenitori di un Io fittizio dietro al quale il poeta si cela, è sceso tra i primi autorevolmente in campo W. Rösler [117]/ affermando che un eventuale *Rollenbericht* implicherebbe una tecnica della narrazione fittizia altrove ignota nella letteratura greca arcaica, e impossibile in un ambito di poesia orale o aurale. E aggiunge ancora Rösler: «Denn sie (la presenza di un Io fittizio) impliziert ja gewissermassen eine zweifache Fiktionalität: die des Ich-Berichterstatters, der zwar persönlich zugegen wäre, gleichwohl aber eine Rolle verkörperte, und die seines Berichts. Strenggenommen läge hier eine Kombination von narrativem und mimischem Element vor, ein philologisches Kunstprodukt, das indessen keinen Anspruch auf Historizität erheben kann» [118]/. Inoltre, critiche alla tendenza a individuare una eccessiva articolazione nei livelli di significazione sono, p.e., contenute in tutto il lungo studio di Marzullo (1975).

Non credo però che queste critiche abbiano un solido fondamento; in realtà esse si basano da un lato su alcune generalizzazioni relative alla poesia orale quanto meno discutibili e a mio parere sbagliate, dall'altro sul fatto che, stante il grande naufragio della letteratura greca arcaica, noi non possediamo altri o precedenti esempi della complicazione strutturale e linguistica che potrebbe celarsi nell'*Epodo*.

Rösler ritiene, p.e., che avrebbe valore, in rapporto alla poesia arcaica, la teoria di K. Hamburger, per cui «die sprachlogische Struktur der Ich-Erzählung gerade nicht die der Fiktion, sondern die der Wirklichkeitsaussage ist» [119]/;

una simile affermazione contrasta, con la sua generalità, con la realtà del manifestarsi della poesia orale: si pensi per esempio all'epica Aino (Giappone) o ai canti eroici degli Ob-Ugrian recitati dai cantori in prima persona [120]. Ma la teoria di Rösler non è sostenibile neppure limitando il nostro campo di osservazione alla sola poesia greca arcaica. I racconti del Cretese, in particolare quello di ξ, mostrano come fosse possibile la narrazione di una storia tradizionale in prima persona, assumendo una personalità fittizia, ed esprimendo contenuti anch'essi fittizi. Il fatto poi che questi contenuti, per quanto fittizi, rinviino alla vera storia di Odisseo, è un'altra prova di quanto sviluppata fosse, pur nell'ambito della poesia orale, la tecnica della narrazione.

«Le récit primitif n'existe pas» afferma T. Todorov [121], la sua analisi di alcune proprietà del récit nell'*Odissea* lo dimostra ampiamente. I racconti del falso Cretese, a considerarli bene, non sono altro che la realizzazione, all'interno della performance epica, e quindi con le complicazioni provocate dalla narrazione in terza persona, di un modello di comunicazione per molti aspetti simile a quello che sta alla base dell'*Epodo*. Un personaggio 'reale' (Odisseo-Archiloco) assume una personalità fittizia (Cretese-'Archiloco') per dire cose (non immediatamente vere, ma che con la realtà del personaggio 'reale' hanno o possono avere rapporti) ad ascoltatori che si articolano su due piani: alcuni (Eumeo-Ragazza) comprendono solo il significato superficiale, altri (Pubblico-Pubblico) anche quello piú riposto. Le uniche differenze risiedono nel fatto che il personaggio reale Odisseo è a sua volta funzione di un narratore (Omero) esterno al racconto: insomma l'Odissea è piú complessa dell'*Epodo*.

11.1.

In definitiva mi pare che l'affermata incompatibilità tra la complessità nei modi del racconto (prima, terza persona, io reale, io fittizio etc.) e l'intrecciarsi dei piani di significazione (metafore, doppi sensi etc.) da una parte, e l'oralità dall'altra dipenda piú che altro da una considerazione solo parziale dei fatti: ciò che pare eccessivamente complesso è la redazione scritta, vale a dire solo la parte verbale di una performance assai piú articolata, nella quale altri elementi possono intervenire a guidare gli ascoltatori alla comprensione: p.e. la musica, la mimica, l'uso di particolari oggetti da parte del cantore (quando non addirittura il travestimento), la velocità dell'esecuzione. A questo proposito R. Finnegan cita [122]/ il caso del *pantun* malaisiano: si tratta di un canto estremamente denso, tessuto di arguzie e ingegnosità al punto che la possibilità di apprezzarlo sembra legata solo a una tranquilla e riflessiva lettura. L'oralità del *pantun* è invece incontestabile, e il pubblico è aiutato nella comprensione dall'eccezionale lentezza con cui viene recitato, e dall'inserimento dopo ogni verso di un ritornello che lascia all'ascoltatore il tempo di penetrare piú a fondo nel senso del verso appena recitato.

11.2.

Un ulteriore sguardo a altre manifestazioni di poesia orale al di fuori della Grecia arcaica permette, se non di ricostruire ciò che è perduto, almeno di evitare imprudenti generalizzazioni, e induce a assumere un atteggiamento piú aperto e meno dogmatico di fronte all'assenza di luoghi paralleli anteriori o contemporanei al nostro *Epodo*.

La compresenza e l'interazione di molteplici livelli di significazione non è certo una caratteristica peculiare del nostro *Epodo*: possiamo ricordare in Polinesia le gare poetiche dei cantori tongani, nelle quali costoro ricorrono frequentemente a «complicated and insulting metaphors laden with two or three layers of meaning». Talvolta il gioco delle metafore, sempre in Polinesia, fa sí che il canto si muova su un duplice livello: quella che può sembrare una semplice descrizione di natura, in sé conclusa e esteticamente valida, vale *anche* come canto di tutt'altro tipo, d'amore, d'attacco personale etc. [123]/. A questa molteplicità di significati compresenti nel testo corrisponde talvolta una differenziazione nelle possibilità di decodificare il messaggio da parte del pubblico o addirittura del cantore. L'oscurità delle composizioni degli Aranda (Australia centrale) permette che il significato piú profondo del canto sia comprensibile solo a determinati individui o a certe classi d'età, mentre gli altri, a seconda del loro grado di maturità, si arrestano a una comprensione articolata su molteplici livelli, a mano a mano sempre piú superficiali [124]/.

12.0.
Le domande fondamentali formulate all'inizio di questo lavoro possono forse ora trovare qualche risposta.

Del pubblico (e del poeta) possono forse sfuggirci ancora i volti, ma il rapporto che il poeta intrattiene con il pubblico è chiaro; il linguaggio accentuatamente metaforico, l'allontanamento dalla dizione epica soprattutto nella sezione conclusiva di narrazione diretta, e infine la scelta dell'ambiguità quale motivo fondamentale e strategico del canto — ambiguità risolta a tutto 'danno' di chi è escluso dall'istanza comunicativa privilegiata E-R — tutto ciò indica in modo concorde un rapporto assai stretto, in cui l'intimità poeta-destinatario tende a una forma di complicità: tale il senso ultimo dell'esclusione della ragazza dalla possibilità di comprendere il vero significato delle parole di Archiloco-parlante, e in fondo anche delle proprie.

Trova cosí conferma l'ipotesi avanzata da molti di una performance all'interno di un circolo di amici, ristretto club di uomini, in una occasione di natura essenzialmente privata.

12.1.
Questa prima conclusione lascia però ancora aperti alcuni problemi:
a) che rapporto esiste tra il contenuto del canto e la realtà in cui vivono il poeta e il suo pubblico?
b) di che tipo poteva essere l'occasione per una simile performance?

c) che scopi poteva avere?

In rapporto alla prima questione tutto induce a ritenere fittizi i nomi dei protagonisti del travagliato rapporto Archiloco-Neobule: a determinarli possono aver concorso ragioni di tipo cultuale (Licambe), non necessariamente ancora agenti, come anche le possibilità espressive inerenti a alcuni altri (Amfimedò, Neobule). Un simile schermo era presupposto indispensabile perché una tale avventura potesse essere narrata senza spiacevolissime conseguenze anche per il poeta[125]. Ma la natura tradizionale dei nomi fa pensare che essi fossero altresí associati a alcuni schemi di avventure, altrettanto tipici e tradizionali: che poi la personale esperienza del poeta — o di qualcun altro di cui il poeta si faceva portavoce — intervenisse a modificare e a rendere piú gustosa la narrazione, non fa alcuna difficoltà (cfr. sopra 7.1.).

Tutta l'avventura, in ogni caso, sembra muoversi lungo linee affatto tradizionali: il particolare della χλαῖνα valga come esempio. Neppure la presenza di una persona reale (Io parlante-narrante = Archiloco), in questo mondo largamente fantastico, pone eccessive difficoltà: senza ricorrere all'esempio dantesco, la presenza nello stesso contesto di personaggi reali, tipici e fantastici è prassi corrente nella commedia aristofanea. E il paragone con la commedia — quali siano i rapporti tra questa e l'invettiva giambica[126] — è utile anche per capire in che modo la pratica autoschediastica degli antichi si sia esercitata sui testi di Archiloco: il citatissimo epigramma di Dioscoride (*Anth.Pal.* 7,351 = Test. p. 15W = Test.60T) ne è un tipico esempio e può forse gettare una qualche luce su alcuni punti del nostro *Epodo*, soprattutto per quanto riguarda la localizzazione delle avventure che vi si narrano[127].

12.2.

Nel corpo delle testimonianze relative all'*affaire* Archiloco-Licambe-Neobule vi è un altro elemento che dovrebbe far meditare: la costante pluralità delle figlie di Licambe oggetto delle violenze (fisiche e giambiche) di Archiloco, contrapposta all'unicità del solo nome tramandato, Neobule. Le figlie sono esplicitamente due per Giuliano (*Anth.Pal.* 7, 69, 6 = Test. p.64W = Test.88T), tre per Getulico (*Anth.Pal.* 7, 71, 4 = Test. p.64W = Test.66T) mentre il numero è indeterminato nelle altre fonti (ma l'uso del plurale è di norma). Molteplici risultano pure le avventure sessuali che, con le figlie di Licambe, Archiloco avrebbe avuto (cfr. Dioscoride, v. sopra; Meleagro (?) *Anth.Pal.* 7, 352, 3ss. = Test. p.15W = Test. 109T).

L'innestarsi di simili varianti su una tradizione in fondo coerente, sembra denunciare un'origine 'poetica' del dato biografico. Alla base vi è una serie di canti — dei quali gli epigrammatisti possono aver avuto conoscenza diretta o mediata — pressappoco simili tra loro, e rientranti in un medesimo schema tradizionale, in cui il poeta narra in prima persona le avventure erotiche di personaggi fissi, appartenenti a una medesima famiglia o gruppo, senza necessariamente ogni volta precisarne i nomi (già noti o irrilevanti per il pubblico). In questo modo le figlie di Licambe sono una e molte allo stesso tempo, tante quante sono le avventure che la capacità del poeta sa offrire ai suoi ascoltatori.

12.3

Simili osservazioni si possono fare a proposito del giudizio su Archiloco formulato da Crizia (88 B 44. 626D.-K. = Test.46T = fr. 295W): per quanto un'esplicita accusa di μοιχεῖα non sia formulabile sulla base dell'*Epodo*, certo Archiloco vi si dimostra — ma non al grado che vorrebbe Crizia — λάγνος e ὑβριστής. Non so però fino a che punto abbia ragione Rankin a vedere in questo giudizio l'opposizione tra un «fossilizzato» esponente della shame-culture (Crizia) — «grasping eagerly at the cynical covering of ugly reality by persuasive appareance»[128]/ — e un precursore della guilt-culture (Archiloco). Mi pare piú probabile che Crizia, il quale poteva certamente accedere a gran parte della produzione poetica di Archiloco[129]/ ormai fissata mediante la scrittura, rappresenti una prima fase del processo di travisamento cui poteva andare incontro la poesia orale giambica nel corso della sua trasmissione scritta. Infatti, nel momento in cui la composizione poetica viene dettata o scritta (e in questa forma viene fruita) si perde, o quantomeno si attenua, il legame vitale con l'occasione che l'ha generata e contrassegnata a ogni livello. Giustamente Rankin suppone un notevole sconcerto di Crizia di fronte a un Archiloco «using language of such earthiness outside the prescribed limits of religiously sanctioned context *like Old Comedy*»; per Crizia, in effetti, i giambi di Archiloco sono decontestualizzati, e trasformati in un fatto letterario in cui l'io parlante si confonde necessariamente con il poeta.

Diventa cosí sempre piú importante definire natura e limiti del contesto entro cui poteva aver luogo la performance dell'*Epodo* o di composizioni simili; nel fr.215W = 20T, Archiloco fornisce una prima indicazione in questo senso: καί μ'οὔτ'ἰάμβων οὔτε τερπωλέων μέλει. Quali siano l'esatto significato delle τερπωλαί, e il rapporto che queste hanno con gli ἴαμβοι, è chiara la possibile destinazione di questi ultimi a occasioni di divertimento e di intrattenimento.

12.4.

Un utile termine di confronto per simili occasioni è fornito da Plutarco nella *Vita di Licurgo*, dove al c.12 si parla dei pranzi comuni a Sparta. Caratteristiche di queste riunioni sono:

a) il numero dei partecipanti era piuttosto ristretto;

b) i giovani partecipavano ai pranzi: questo particolare è abbastanza rilevante in relazione al v.9 dell'*Epodo*, dal quale si può desumere che sia l'io parlante sia i destinatari appartengono a un gruppo di νέοι ἄνδρες;

c) nel corso della riunione i partecipanti si scambiavano motteggi e invettive; che queste invettive potessero avere forma giambica è sostenuto da G. Nagy[130]/, che ricorda tra l'altro *h.Merc.*55s., dove ancora una volta sono associati scambio di invettive, giovani e occasione festiva (θαλίῃσι cfr.

Archil. 11,2W = 13,2T τερπωλὰς καὶ θαλίας);
d) quanto si diceva nel corso del banchetto doveva rimanere segreto. Ciò è sicuramente in relazione con il carattere politico che simili riunioni di ἑταῖροι avevano, ma possiamo anche supporre — e l'*Epodo* ne sarebbe la prova lampante — che una certa riservatezza fosse richiesta anche su quanto accadeva e veniva detto nelle fasi meno impegnative e piú precisamente distensive del banchetto. Questo motivo ritorna anche in un frammento lirico adespoto: μισέω μνάμονα συμπόταν (PMG 1002) ricordato, oltre che dallo stesso Plutarco (*Quaest.Conv.* 612 C-D), anche dalla tradizione paremiografica (cfr. *PG* Apostolio XI 71c; MP II 22), da Stobeo (III 18,27 = III p.520 Hense) e dalla tradizione scoliastica (cfr. Eust. *ad* γ 332; Schol. T. γ 346). Tra le varie interpretazioni del frammento, costante compare quella ampiamente illustrata da Plutarco, secondo il quale, su alcuni aspetti del simposio, è meglio tacere con gli estranei.

12.5.

È molto difficile dire se questa riunione — riservata e ristretta, nella quale sono presenti soprattutto, o forse solo, uomini giovani, e dove ha funzione rilevante una forma di poesia audace nei toni e nei contenuti — sia configurabile come un simposio[131]/oppure come un κῶμος[132]/, o come una semplice riunione di amici, senza alcun particolare vincolo istituzionale. Egualmente è difficile trovare sicura conferma per l'ipotesi avanzata da Koenen[133]/, che mette in particolare risalto l'aspetto gnomico e didascalico dell'*Epodo*, e lo localizza nel contesto di una festa di iniziazione ai piaceri di Afrodite. L'assoluta prevalenza del personaggio e del punto di vista maschile mi paiono contrastare con questa teoria, almeno nei termini esposti da Koenen. Certamente però l'*Epodo* ha una chiara funzione pragmatica, e sotto la complice ironia con cui è condotta la narrazione della scabrosa vicenda, vi è la volontà di insegnare e trasmettere una tradizione, che non è quella omerica, né quella dei grandi inni recitati nelle feste pubbliche, ma che non per questo doveva essere meno radicata e forte tra gli ascoltatori di Archiloco.

13.0.
Le conclusioni relative all'inquadramento socioculturale dell'*Epodo* non si fermano però qui[134]/.
La glossa esichiana che chiarisce l'inizio del v.10 è assai succinta: ἔξω τῆς μίξεως, senza ulteriori aggiunte. L'assenza di ogni precisazione induce a due considerazioni possibili: o che l'espressione fosse ascritta o ascrivibile a un passo notissimo di un autore importante (e questo mi sembra il ragionamento per cui Degani la ritiene «senza dubbio desunta da un antico commentario al nostro epodo»[135]/), oppure che, nonostante lo stato delle nostre conoscenze, fosse di uso abbastanza esteso, in qualche ambito culturale e poetico.
Il rapporto che intercorre tra glossa e elemento glossato presenta inoltre una caratteristica: si passa da una espressione estremamente generica, a una ben piú precisa e definita. Il glossatore non si esercita su parole inconsuete, rare o esotiche, bensí su un nesso formato da elementi notissimi, che in sé vuol dire tutto e niente, e acquista significato solo per l'uso particolare al quale è assoggettato. Di qui il sospetto che παρὲξ τὸ θεῖον χρῆμα sia espressione tipica di un linguaggio eufemistico e furbesco; e ciò si accorda assai bene con quanto sinora affermato sull'*Epodo*.
Questo nesso, cosí marcatamente 'di gruppo', assieme generico e precisissimo (ma solo per chi è in possesso del codice in gioco), è parte integrante di una piú ampia frase (stanza 4) in cui sono indissolubilmente legati le τέρψιες θεῆς e i νέοι ἄνδρες, che di alcune τέρψιες sono beneficiari e delle quali si contentano. L'elemento in assoluto dominante nei vv.10-1 — per quanto non direttamente nominato — è certamente Afrodite, ella è la dea che procura il piacere, e la cosa che piú le pertiene è l'unione sessuale, divina. Ma che rapporto esiste tra i νέοι ἄνδρες, la παρθένος protagonista femminile e queste τέρψιες complete o parziali che siano?
L'atto sessuale completo tra un uomo libero e una donna libera è indissolubilmente legato al matrimonio e alla gene-

razione dei figli. È il momento del completo inserimento e realizzazione dell'ἀνήρ (e della γυνή) all'interno della comunità[136]. Ed esattamente questo si afferma anche nell'*Epodo* in relazione all'unione — quest'ultima chiaramente matrimoniale, cfr. in seguito — proposta con Neobule: v.17 ἄλλος ἀνήρ ἐχέτω[137].

Anche l'atto sessuale parziale non è ignoto nella storia e nel mito. Ricordiamo solo, nel campo storico, le unioni οὐ κατὰ νόμον (Hdt.1, 61) di Pisistrato con la figlia di Megacle, tanto gravi perché consumate all'interno del matrimonio con lo scopo preciso di non avere figli, e considerate dalla sposa un insulto soggettivo e un'infamia oggettiva scagliata sul proprio γένος — con tutte le conseguenze che ne derivarono per Pisistrato[138].

Nel campo mitico valgono come punti di riferimento le vicende tra Efesto e Atena, e tra Apollo e Creusa[139]. In entrambi i casi la donna resta vergine dopo che il maschio ha sparso il suo seme (che per altro non va perduto, ma questa è un'altra cosa): ciò accade per Atena perché il matrimonio è escluso dal suo costante statuto, per Creusa perché l'unione avviene in un momento in cui ella non è ancora nelle condizioni di sposa, non è ancora matura[140].

Veniamo ora ai νέοι ἄνδρες: per prima cosa occorre sgombrare il campo dall'idea che l'espressione possa indicare genericamente «i giovani», uomini e donne senza distinzioni [141]. Sia la presenza di un punto di vista che pare identificarsi in tutto e per tutto con quello dei νέοι ἄνδρες, o almeno con quello degli ἄνδρες, sia il completo svolgimento di un sistema che comprende παρθένος (v.28, e anche v.4, puntualmente negato e rovesciato al v.18), νέος ἀνήρ (v.9), ἀνήρ (v.17), γυνή (vv.8 e 22), tra loro ben distinti e contrapposti, porta a ritenere che νέοι ἄνδρες abbia un significato ben preciso e designi una classe di età definita[142]. Come scrive C.Calame[143] si tratta di «giovani cittadini iniziati, ma non ancora completamente integrati nell'ordine adulto». Essere adulto significa nel mondo greco, e arcaico in particolare, essere cittadino, sposo, soldato. Per il νέος ἀνήρ il passaggio da adolescente a uomo si è compiuto, ma il giovane non è ancora in tutto e per tutto eguale agli ἄνδρες, qualcosa lo distingue ancora. Si può ricordare la partecipazione di παῖδες[144]/ (giovani?) alle sissitie spartane (Plutarco, *Vita Lyk*. 12), oppure quanto riferito da Ateneo (1, 18a): in Macedonia i giovani cittadini non potevano cenare in comune con gli uomini con pieni diritti (vale a dire sdraiati), se non avevano ucciso almeno un cinghiale senza l'ausilio della rete (vale a dire, se non avevano completamente compiuto il rito di passaggio e iniziazione)[145]/.

Caratteristica comune dei personaggi, come pure della vicenda erotica che li unisce, è una sorta di incompiutezza, per la quale né la παρθένος né il νέος ἀνήρ possono avere un rapporto sessuale completo socialmente accettabile, ne sono esclusi dal loro statuto (transitorio in questo caso).

L'incompiutezza dei protagonisti si riflette peraltro in vari modi nell'*Epodo*: la contrapposizione tra la γυνή (quanto meno possibile, cfr.v.22) Neobule e la παρθένος non è condotta solo con elementi di valutazione morale (cfr. sopra 5.2. e 9.2.), ma anche con una serie di metafore attinenti all'età: πέπειρα si contrappone a τέρεινα (cfr. sopra 5.2.) e ἄνθος δ' ἀπερρύηκε παρθενήιον è opposto a παρθένος (o a tutto il nesso τέρεινα παρθένος[146]/). Simili espressioni metaforiche, attinte alla sfera agricola, contengono l'idea di un momento cruciale di passaggio (da non matura a matura, p.e.) e sono piuttosto usuali proprio in contesti in cui si tratti dell'iniziazione di una giovane donna. Si veda p.e. Pausania 2, 33, 2 (= a) e 7, 26, 5 (= b):

a   αὐτῷ   προέλθῃ
ἱερᾶται δέ   παρθένος, ἔστ' ἂν ἐς ὥραν   γάμου.
b   ἀφίκηται

La differenza tra Neobule e la Ragazza non esiste solo nella mente, piú o meno appassionata, di Archiloco, è bensí una differenza che si basa sulle collocazioni sociali e sulle funzioni. Con/per Neobule lo θεῖον χρῆμα è possibile, con/per la Ragazza è evidentemente lontano, il suo rifiuto e l'invito a trattenersi si basano soprattutto su una questione temporale; il νέος ἀνήρ a sua volta si trova in una posizione intermedia e ambigua, ma in ogni caso vicina a quella per cui lo θεῖον χρῆμα è reale e realizzabile.

Archiloco, di fronte alla proposta della Ragazza, rifiuta Neobule: un altro uomo se la abbia, afferma, e subito dopo spiega le ragioni oggettive del suo rifiuto. L'incompatibilità si fonda soprattutto sulla differenza di età: Neobule rispetto a Archiloco — e non solo rispetto alla Ragazza — è vecchia. Se si rileggono le prescrizioni matrimoniali in Esiodo *Op.* 695ss. ci si rende conto di quanto concrete siano le motivazioni del rifiuto di un νέος ἀνήρ posto di fronte alla prospettiva di unirsi a questa Neobule: l'età per le nozze, dice Esiodo, è per un uomo sui 30 anni, per una donna nel quinto anno dopo la pubertà. La sposa insomma, secondo Esiodo, deve essere più giovane dello sposo; e a questa e altre prescrizioni l'uomo deve stare bene attento, μὴ γείτοσι χάρματα γήμῃς (*Op.* 701). Queste parole ritornano quasi identiche in Archiloco, proprio appena dopo l'affermazione dell'eccessiva maturità di Neobule (vv.22-3)[147]/.

Che Neobule sia troppo vecchia, almeno dal punto di vista di un νέος ἀνήρ, è confermato anche dal probabile δίς τόση del v.17: se Neobule ha due volte l'età della Ragazza, e immaginiamo questa da poco pubere (e di qui la motivazione del rifiuto), ne risulta una Neobule, con tutte le possibili esagerazioni di Archiloco, sui 25-30. Certo troppo vecchia per un νέος ἀνήρ.

A questo punto si pone il rischio di una gravissima contraddizione: come è possibile una Neobule vecchia e un Archiloco giovane — con una differenza di età tale da essere socialmente inaccettabile —, quando tra loro fu deciso, e per poco non realizzato, un regolare matrimonio [148]/? A mio parere, a questo dubbio c'è una sola risposta logica: Neobule è invecchiata mentre ciò non è accaduto a Archiloco (o addirittura gli è capitato il contrario). Con due diverse ma non opposte conseguenze: Neobule è il nome di un personaggio del tutto tradizionale, la cui età varia solo, o soprattutto, in funzione delle necessità compositive; Archiloco assume nelle sue composizioni personalità a volta a volta diverse, talora presentandosi come un uomo fatto, talora come un νέος ἀνήρ. Le due cose vanno probabilmente assieme.

L'avventura dunque è narrata dal punto di vista di un νέος ἀνήρ, e rispetta le collocazioni socioculturali e i limiti dei protagonisti, fino nei minimi particolari.

Prima dell'approdo definitivo al sistema sociale degli adulti, il protagonista (ché questi interessa soprattutto a Archiloco) approda alle sponde che gli sono consentite, nei modi che gli sono consentiti: qui tutto è tenero e incerto, non ancora maturo, né socialmente completo.

In definitiva tutto lo scandalo suscitato dall'*Epodo* va ridimensionato: pareti fisiche (probabilmente) e sociali (certamente) garantiscono la purtuttavia necessaria riservatezza alla narrazione di una vicenda audace ma non scandalosa né dissacratoria, che rispetta bensí e riflette fino in fondo i codici dominanti di un'epoca. Una vicenda i cui personaggi — anche reali — sono sapientemente nascosti, in ogni caso e per ogni sicurezza, sotto un sistema di maschere e figure tradizionali, dai nomi buoni a tutte o quasi, le occasioni.

APPENDICE

L'*EPODO* E LA BIOGRAFIA ARCHILOCHEA: I FATTI E IL METODO.

Che Archiloco si presenti e si comporti come un νέος ἀνήρ a fronte di una Neobule sfatta e invecchiata pare vanificare ogni tentativo di ricavare una cronologia della vita di Archiloco dalle sue opere. Ciò è però vero solo a un primo livello di indagine, in realtà l'assenza di un legame meccanico tra le composizioni poetiche e gli avvenimenti della vita aiuta a mettere ordine nella cronologia e risolve le piú drammatiche aporie.

I tentativi piú recenti di tracciare una coerente biografia archilochea si devono a Rankin[149]/, e il loro sostanziale insuccesso non dipende dalla mancanza o dalla contraddittorietà delle notizie, ma proprio dalla pregiudiziale volontà di collocare l'*affaire* Archiloco-Neobule e i suoi sviluppi in un preciso momento della vita del poeta, quale si ricostruisce dalle testimonianze; o piú in generale dall'insanabile contrasto che si sviluppa tra i dati cronologici 'oggettivi' (il che non vuol dire sicuri) forniti dalle testimonianze di Archiloco o di altri autori, e quelli ricavati travasando direttamente nella storia le vicende contenute nei frammenti del poeta.

Le testimonianze sulle quali si fonda la cronologia proposta da Rankin sono innanzitutto concordi nell'indicare il VII secolo[150]/, e piú precisamente la prima metà del secolo; infatti:

a) l'epitaffio di Glauco di Leptine è del VII secolo (Test. 1 T);

b) secondo Erodoto 1, 12, Archiloco e Gige furono contemporanei (Test.79T);

c) secondo Cornelio Nepote (*ap*. A. Gell. *Noct.Att.* 17, 21, 8), Archiloco e Tullo Ostilio furono contemporanei (Test. 113T);

d) Secondo Eusebio *Praep.Ev.* 10, 11, 4 (I p.596 Mras), l'ἀκμή (calcolabile intorno ai 40 anni) di Archiloco fu nel

665/4 (Test. 63T).

1) il fr.3W = 3T accenna alla guerra lelantina, ciò colloca Archiloco dopo questo avvenimento, e cioè nel VII secolo;
2) il fr.20W = 19T accenna alle disgrazie dei Magneti in collegamento con altre disavventure capitate ai Tasi; la testimonianza si riferisce a un momento imprecisato successivo alla distruzione di Magnesia, la cui data non è certa ma che avvenne comunque prima del 652;
3) il fr.19W = 22T accenna alle grandi ricchezze di Gige, e appare perciò collegabile al periodo di maggior potenza del re di Lidia, che precedette immediatamente la sua rapida e proverbiale rovina: 660 ca.-652;
4) il fr.122W = 114T accenna a un'eclissi, e nella prima metà del VII secolo ve ne furono parecchie: 688, 661, 660, 656, 647.

Le testimonianze esterne (a, b, c, d) concordano dunque con quelle interne (1, 2, 3, 4) e parrebbe possibile, a partire dalla notizia di Eusebio (d), fissare l'esistenza di Archiloco dagli ultimi anni dell'VIII secolo a un momento imprecisato, successivo al 660, del VII. E sino a questo punto sono perciò d'accordo con le accurate indagini di Rankin. Tutta la ricostruzione perde però di senso se si segue lo studioso inglese anche nell'interpretazione del significato del fr. 122W = 114T. È piú che probabile che questo sia connesso con la vicenda delle Licambidi, e che il parlante sia lo stesso Licambe[151]/: accettare ciò e attribuirgli una precisa funzione nella determinazione della biografia di Archiloco porta a un nodo di contraddizioni impossibile da sciogliere.

La notizia di Eusebio (d, ma a pensarci bene anche b e c) fa ritenere che l'eclissi in questione sia al piú quella del 661, e ciò colloca la vicenda con Neobule in un'età molto strana (oltre i 40 anni), soprattutto per l'epoca arcaica (cfr. sopra). Non solo, ma successivamente Archiloco ridiventerebbe un νέος ἀνήρ per circuire la piú giovane fanciulla dell'*Epodo*. Per uscire dall'impasse, Rankin tenta due vie, entrambe inaccettabili. In un caso[152]/ ipotizza sconosciute ragioni politiche per giustificare un fidanzamento di Archiloco ormai in età piú che provetta; la mancata realizzazione del matrimonio si spiegherebbe poi con altre ragioni sempre di ordine politico. Altrimenti[153]/ Rankin è costretto a considerare come non esistente la testimonianza di Eusebio, che a nulla contraddice se non a alcune ipotesi. Messo da un canto Eusebio, la data di nascita di Archiloco resta quel tanto fluttuante da permettere ogni e qualsiasi speculazione.

A difendere il proprio metodo, Rankin dedica alcune pagine[154]/, nelle quali sono largamente da condividere le critiche rivolte a quelle tendenze — di matrice per lo piú anglosassone, e in vario modo derivate dal *New Criticism* — che privilegiano solo «the importance of evaluating the work which is itself there before the eye rather than making biographical inferences from its 'evidence' or delving into historical and background questions which too often turn out to be irrelevant to a clear artistic assessment of the works.»[155]/.

Una volta evitato il vicolo cieco di un tale «strutturalismo astorico, che nella sincronia dimentica i diversi livelli della diacronia»[156]/, occorre però non cadere nell'eccesso opposto, nell'immediata accettazione del fatto poetico come fatto storico. Un buon esempio a questo proposito è fornito dal carme alcaico della nave in tempesta (326LP = 208, 1-8V)[157]/: se a fianco del carme non avessimo l'esplicita testimonianza dello Pseudo Eraclito (che lo tramanda) sarebbe molto facile connetterlo con una qualche contingenza della vita del poeta, durante la quale Alceo si trovò coinvolto in una furibonda tempesta. In realtà le cose stanno diversamente, e la tempesta è solo un'allegoria della situazione politica di Mitilene. Nel prosieguo la nostra fonte espone, in modo sorprendentemente 'semiologico', le ragioni dell'uso dell'allegoria: κατακόρως ἐν ταῖς ἀλληγορίαις ὁ νησιότης θαλαττεύει καὶ τὰ πλεῖστα τῶν διὰ τοὺς τυράννους ἐπεχόντων κακῶν πελαγίοις χειμῶσιν εἰκάζει.

Eraclito pone l'accento sul poeta, e nel fatto che egli sia un isolano trova la ragione dell'allegoria; piú correttamente si deve affermare che Alceo è un isolano, che si rivolge a un auditorio composto soprattutto da isolani, e che entrambi hanno una quotidiana e fondamentale esperienza del mare e dei suoi pericoli. Di qui l'efficacia dell'allegoria e la possibilità, a questo livello, del recupero di un dato biografico: Alceo aveva esperienza di mare etc.

La poesia, in particolare quella arcaica, non è certamente irrelata con la realtà, soprattutto con quella del poeta, ma non è neppure un terso specchio nel quale gli avvenimenti si riflettono tali quali accadono nella realtà. Le distorsioni e le velature sono parte ineliminabile e necessaria anche della performance arcaica, e ben complesso è l'«atto interpretativo» che permette, eliminate le distorsioni e illuminate le velature, di risalire ai fatti che si celano dietro al testo poetico, che solo a questo livello può vale come testimonianza storica. Si tratta, in altre parole, di condurre un'indagine complessiva del processo di comunicazione presupposto dal testo politico, indagine che «investe una pluralità di codici, linguistico, antropologico, sociologico, che esigono un'attenzione costante alle categorie mentali, agli schemi di comportamento, ai modi della comunicazione e ai referenti teorici e culturali, siano essi politici, filosofici, artistici, letterari ecc.»[158]/.

NOTE ALLA SECONDA PARTE

1) Soprattutto successivi a Degani 1977, piú tardi apparso nella sua destinazione originaria presso la «Miscellanea di studi in memoria di Marino Barchiesi», *RCCM* 28, 1976 (ma 1979), 311-42.
2) Peabody 1975, 169ss.
3) Lord 1960, 130s.
4) Lord 1960, 130 e n. 11 a p. 289.
5) Parry 1928, 16.
6) Pavese 1974, 25-33: «Nella dizione epica la formula è una espressione che è regolarmente usata per esprimere una certa idea con valore metrico identico» (25).
7) Nagler 1976; Peabody 1975. Nel corso del seminario tenuto presso l'Università degli Studi di Milano, l'*Epodo* è stato sottoposto anche a altri due tests di oralità, quello sull'enjambement e quello fonetico, nei termini e con le modalità proposti da Peabody (1975, 1-5). Entrambi hanno dato esito positivo — come potrà verificare chiunque vorrà ripeterli — e i risultati saranno utilizzati nel corso del lavoro, ove necessario. Voglio qui ringraziare gli studenti del gruppo da me coordinato, che con le loro osservazioni e il lavoro svolto hanno molto contribuito alla genesi di questo studio: P. Albini, G. Sighinolfi, P. Tiby, I. Donati; con quest'ultimo le discussioni e lo studio comuni sono proseguiti oltre il tempo e i limiti del seminario.
8) Per la terminologia metrica relativa all'esametro v. sopra I nota 21. Per le incisioni dei trimetri giambici seguo l'uso di Korzeniewski 1968.
9) Giannini 1973, 59-62.
10) Ipponatte rappresenta in questa ricerca una costante eccezione rispetto alle tendenze degli altri giambografi. È un problema che occorrerà approfondire.
11) Sul problema si veda M.G.Bonanno, «Note al nuovo Archiloco», *MCr* 10/12, 1975/77, 37-43, che, a mio parere, mette definitivamente a punto la polemica.
12) Marzullo 1975, 33.
13) Notevole nell'*Iliade*, e ancora piú nell'*Odissea*, la tendenza riguarda forme derivate dal tema ἰθυν- e di forma metrica — — ⌣: il fatto che ne risulti regolarmente un verso spondaico non pare preoccupare troppo l'aedo.
14) Γ 233, α 258, β 55 = ρ 534, η 301, π 45, *h. Merc.* 370.
15) Giannini 1973, 42-3.
16) G. Broccia, «Il linguaggio amoroso di Archiloco», *Ann. Fac. Lett. Fil. dell'Univ. di Macerata* 7, 1974, 13-21.
17) Giannini 1973, 41.
18) Giannini 1973, 41-2.
19) Giannini 1973, 18, 23, 30, 58.
20) Delle quattro eccezioni, tre sono tali solo in apparenza: in Archil. 234W = 195T e in Sem. 1, 1W la forma di ἔχω è posta a conclusione del secondo metro,

mentre il terzo risulta da un'unica parola di forma giambica che costituisce un'espansione rispetto a quanto precede (χολήν ... ἐφ'ήπατι; Ζεύς ... βαρύκτυπος). Similmente in Archil. 93a, 6W = 120, 5T (tetrametro) il verbo è posto al termine di una sequenza sintatticamente conclusa (... κυσὶ Θρέϊξιν δῶρ' ἔχων), metricamente identica a un dimetro giambico, seguita da un attributo — espansione anticipata del successivo χρυσόν — che occupa un intero metro giambico (ἀκήρατον).

21) Pavese 1974, 25: «La declinazione e coniugazione di parole, l'inserzione o sostituzione di particelle, sono considerate come facenti parte della stessa formula, quando il valore metrico non varia».
22) Russo 1963, 244.
23) Per un possibile raffronto con la dizione epica, si veda la formula
ἴστω νῦν { τόδε / τάδε , O 36, h. Apoll. 84.
24) Korzeniewski 1968, 56 nota 63.
25) Korzeniewski 1968, 40.
26) La cesura inusuale può forse spiegare la punteggiatura 'forte' adottata nel papiro, peraltro piuttosto corretto su questo punto.
27) Dover 1964, 200 e 212.
28) Page 1964, 147-54. Esiste però nell'approccio di Page alla formularità della poesia archilochea, quello che per me è un presupposto errato. Si ha l'impressione che il rapporto tra formule epiche e espressioni giambiche sia di tipo generativo, immanente e operante al livello del poeta-compositore; cfr. p.e. p.149 «Such poetry (*i.e.* i giambi) is to a considerable extent a transference of Epic Formulas *to a new metre*» e 150 «the language of Archilochus in the iambic poems consists largely of *Homeric phrases adapted to the new metre*» (corsivi miei). In realtà l'esistenza di uno stretto rapporto tra due forme poetiche coesistenti (cfr. lo stesso Page 1964, 144-7) rivela solo l'esistenza di una tradizione poetica comune, senza alcuna conseguenza gerarchica o generativa. La differenza quantitativa, esistente tra i testi epici e quelli giambici pervenuti sino a noi, dipende soprattutto dalla funzione storicamente svolta da questi 'generi' nei diversi periodi.
29) Per una pausa dopo il secondo metro (C2) cfr. Korzeniewski 1968, 48 n. 45.
30) Pavese 1974, 29-30.
31) Pavese 1974, 29.
32) Nagy 1976, 252-6; W.B.Ingalls, «Another Dimension of the Homeric Formula», *Phoenix* 24, 1972, 1-12.
33) In Archiloco, oltre ai casi già ricordati, cfr. 19, 1 e 2W = 22, 1 e 2T; 20W = 19T; 21, 2W = 17, 2T; 22, 1W = 18, 1T; 23, 11, 15, 17 e 19W = 54, 11, 15, 17 e 19T; 30, 1 e 2W = 25, 1 e 2T; 34W = 42T; 35, 1 e 2W = 43, 1 e 2T; 36W = 33T: 42, 1W = 29, 1T; 45W = 36T; 48, 6W = 27, 2T; 49, 7W = 35T; 25, 2W = 55, 3T; 67, 3W = 70, 3T; 211W = 40T; 222W = 53T; 297W = 32T. Inoltre nell'*Epodo* cfr. i vv. 1, 5, 7, 8, 10, 12, 15, 19, 20, 21, 23, 24, 25, 27, 29, 31 e 32.
34) Nagy 1976.
35) Lord 1960, 21-6.

36) Lord 1960, 22.
37) Per una lucida analisi sul grado di autocoscienza manifestato dai cantori (intervistati da Parry e Lord) rispetto alla propria tecnica poetica, cfr. Jensen 1980, c.5. In realtà il *guslar* neppure sospetta di usare un linguaggio formulare.
38) Simili osservazioni, relative all'appartenenza del concetto di formula solo a una civiltà che faccia uso della registrazione scritta, sono svolte da Foley 1976, 212.
39) Sulla «sintesi memoriale» cfr. C.Segre, *Le strutture e il tempo*, Torino 1974, 15-6.
40) In particolar modo si vedano J.A.Notopoulos, «The Homeric Hymns as Oral Poetry», *AJPh* 83, 1962, 354-7; Russo 1963; id., «The Structural Formula in Homeric Verse», *YClSt* 20, 1966, 219-40.
41) Russo 1976, 35-7.
42) Nagy 1976, 251. Importanti affermazioni sul rapporto fra tema, formula e radici verbali si trovano anche in Foley 1976, 220-32.
43) La critica è già contenuta nella «Response» di J. Puhvel in Nagy 1976, 261-3.
44) Peabody 1975, 179.
45) Nagler 1974, 11-4 e in generale tutto il c.1.
46) Peabody 1975, 179.
47) Peabody 1975, 177 e 207; Nagler 1974, 13-4.
48) Lord 1960, 69.
49) Peabody 1975, 181 e 201 e le note 75 e 76 a p.450; e inoltre qui sopra 2.1.
50) Peabody 1975, 213-8.
51) Peabody 1975, 216.
52) Nagler 1974, 21.
53) Nagler 1974, 22.
54) Tutto ciò non significa che Nagler e Peabody affermino le stesse cose, i risultati cui pervengono sono diversi, come diversi sono gli oggetti primari dei loro studi, la loro metodologia e molti dei presupposti teorici da cui procedono. Nagler ha tuttavia scritto una recensione al libro di Peabody («How Does an Oral Poem Mean?», *Arion* N.S. 3, 1976, 367-77) nella quale i consensi superano largamente i dissensi, che si limitano in definitiva alla negazione, da parte di Nagler, della possibilità che gruppi puramente fonici associati nella tradizione possano dar luogo a elementi di significazione, al di fuori del controllo del poeta.
55) Si veda la sovente citata formula di Nagler (1967, 291) «All is traditional at the generative level, all original on the level of the performance», in seguito ampiamente ripresa in *Spontaneity and Tradition*; sul concetto concorda parzialmente, in modo esplicito, Peabody (1975, n.30 a p.288), che lo riformula adattandolo alla propria teoria a p.177: «The substance of thought belongs to the tradition; the realization of thought is dependent on conventions of the moment».
56) Un tale lavoro, limitatamente alle *Eoiai* di Esiodo, è stato svolto nella tesi di laurea di D. Tabiadon, *Ricerche stilistiche sulle Eoiai di Esiodo*, Milano (Univ. degli Studi) A.A. 1977-78 (dattiloscritto).

57) Il testo è quello di P. Köln 2, 58. Per l'integrazione μηρ]ῶν al v.32 si veda qui sotto 10.4.
58) P. Köln 2, 58 p.27.
59) Peabody 1975, 200.
60) Su questi versi si veda R. Führer, «Nachtrag zum Kölner Archilochos (P.Colon.7511)», *ZPE* 29, 1978, 40. Nelle ultime stanze si sviluppa una sorta di *recollection*, ripresa di materiale tematico precedentemente usato nel corso del canto. Ciò è un chiaro indizio che ci si sta avviando alla conclusione (cfr. Peabody 1975, 231-3). La mancanza di paralleli interni relativi agli ultimi versi è causata semplicemente dalla nostra ignoranza dell'inizio dell'*Epodo*.
61) Questo punto è stato sottolineato con forza da Nagler (*Arion* N.S. 3, 1976, 370ss.) in parziale polemica con Peabody.
62) Peabody 1975, 217.
63) Anche nei versi che precedono quelli esaminati si possono osservare alcune 'coincidenze' interessanti:
133s. ἀμφὶ a) δ'ἄρα χλαῖναν b) περονήσατο φοινικόεσσαν / διπλῆν c) ...
  a) cfr.7 'Αμφιμεδοῦς; b) cfr.30; c) cfr. 17 (δὶς τόση) e 24.
147 βουλὰς βουλεύειν ... cfr. 12, 16 e 23. 193 ... μὴ χάρμα γενώμεθα δυσμενέεσσιν. cfr.23.
Nelle analisi dei passi omerici, il numero che segue l'indicazione di confrontare si riferisce sempre al corrispondente verso dell'*Epodo*.
È forse inutile avvisare che i cataloghi che seguono non sono, né vogliono essere, completamente esaurienti: ho cercato di prendere in considerazione solo quegli elementi che mi parevano avere un qualche rilievo tematico.
64) Sul rapporto che, ad altri livelli, esiste tra Circe e Penelope, cfr. M.N.Nagler, «Dread Goddess Endowed with Speech», *Arch.News* 6, 1977, 77-85.
65) K. Latte, «Zeitgeschichtliches zu Archilochos», *Hermes* 92, 1964, 385-90.
66) Seidensticker 1978.
67) Seidensticker 1978, 18-20.
68) Seidensticker 1978, 20.
69) Di Jensen 1980 si vedano soprattutto i capitoli VI «The *Iliad* and the *Odyssey* as Oral Dictated Texts» e VII «The Writing of the *Iliad* and the *Odyssey* in Sixth-Century Athens».
70) Per una ricostruzione cfr. West 1974, 127; alla bibliografia essenziale di West va almeno aggiunto G. Tarditi, «Motivi epici nei tetrametri di Archiloco», *PP* 13, 1958, 26-46, in particolare 26-30.
71) W.W.How-J. Wells, *A Commentary on Herodotus*, Oxford 1912, vol. 2, p.18.
72) *RE* V 2 (1905) s.v. Dorieus 3 (Niese).
73) Per un'analisi esemplare di simili sconquassi nella pratica dell'oral poetry, cfr. Peabody 1975, 231-6.
74) *Syll.*³ 239 C III 30s. Un semplice passaggio τελ-→τηλ- non mi pare possibile, per quanto cfr. *Schol.* T I 482 ... τηλύγετον· οὗτος δέ ἐστιν ὁ τῆς γονῆς τέλος ἔχων, μεθ'ὅν ἕτερος οὐ γίνεται κτλ.
75) West 1974, 24ss.
76) H. Frisk, 1960ss., II 1848-9 s.v. ταλάσσαι; P. Chantraine, 1968ss., IV 1, 1088-90 s.v. ταλάσσαι. Si vedano anche in E. Heitsch, ΤΛΗΜΟΣΥΝΗ, *Hermes* 92,

1964, 257-64, le osservazioni a p.263. Le traduzioni di τλῆναι, e dei suoi derivati e connessi, restano in ogni caso assai problematiche: cfr. *Inni Omerici,* a cura di F.Càssola, Milano 1975, 498 *ad h. Apoll.*191.

77) Molte le integrazioni proposte, cfr. P.Köln. 2,58 p.26.

78) Mancano, nella parte dell'*Epodo* conservata, precisi riferimenti fisici che ci rassicurino sulla reale esistenza di una cornice e di porte, mentre, come si vedrà, la situazione è diversa per i giardini. La impossibilità, o perlomeno l'improbabilità in epoca arcaica, di un uso metaforico della cornice e delle porte è stata sottolineata con decisione da Marzullo (1975, 48s.), ma alcuni puntuali paralleli ricordati da Degani (1977, 29 n.35) appaiono confutare questa opinione. Inoltre, quando si parla di 'senso letterale', si commette in ogni caso un'imprecisione: se il significato dell'invito fosse (come sostengono p.e. Degani-Burzacchini 1977, 14-5 *ad* 14-6) quello di far allontanare la ragazza dal τέμενος di Era, saremmo in ogni caso di fronte a una sineddoche, figura semantica meno impegnativa della metafora, ma il cui impiego va tuttavia motivato. Non mi pare, a questo proposito, che a fronte della scarsità di testimoni a favore della metafora, si opponga una folla compatta di fonti attestanti l'uso sineddochico di θριγκός per τέμενος. E non mi sembra perciò affatto da rifiutare che la ragione della sineddoche stia proprio nella possibilità di assoggettare a una doppia significazione metaforica un nesso che ne sarebbe altrimenti privo (sul piano del linguaggio naturale).

Sul frequente ricorrere di metafore sessuali negli epodi, si vedano le osservazioni di Henderson 1976, *passim* e in particolare 170 e D.A. Campbell, «The Language of the New Archilochus», *Arethusa* 9, 1976, 156.

79) Gentili 1969, in particolare 10-5. In generale sulla componente pragmatica dei processi semiotici, cfr. H.Breckle, *Semantik. Eine Einführung in die sprachwissenschaftliche Bedeutungslehre,* München 1972, pp. 42-5 e 100-9 della tr.it. *Introduzione alla semantica,* Bologna 1975. «Compito della pragmatica è studiare le condizioni di realizzazione di atti di locuzione. In tali condizioni sono compresi anzitutto il rispetto pregiudiziale dei criteri di formazione sintattica e semantica, ma inoltre anche un ampio campo di fattori e condizioni necessari perché si diano veri e propri atti di locuzione, e che rendono possibile che questi ultimi, in certi casi, operino come unità di un processo comunicativo adeguato» (p.103).

80) A margine, e forse a opportuno chiarimento della parola 'ambiguità', è bene ricordare che una parola o una frase possono avere due o piú sensi, solo se questi sono tutti possibili e accettabili. Nella frase «quel cane del tenore ha ululato tutta la notte» il senso non metaforico è possibile solo se il tenore possiede veramente un cane, altrimenti l'ambiguità non esiste. Nel caso del nostro *Epodo,* per fare un altro esempio, i vv. 15-6 σχήσω γὰρ ἐς ποη[φόρους /κήπους possono essere ambigui, solo se da qualche parte esistono 'giardini'. 'Da qualche parte', s'intende, del messaggio poetico in atto. Aggiungo ancora che quanto esposto in questo lavoro sulle possibilità «ambiguanti» del tema τολμ-/τλ- trova una conferma, ben fondata anche sul piano piú propriamente teorico-linguistico, in E. Salvaneschi, «Sincretismo semantico in un passo di Eschilo», *Philologus* 122, 1978, 320-7. Enrica Salvaneschi intende sostenere — a partire dall'analisi di Eschilo *Choe.* 315-22 — che «la polisemia di un segno linguistico ... la sua ambiguità semantica, o ancora ... il sincretismo dei suoi significati, non è, sempre e necessariamente, un dato solo paradigmatico: esso può, anzi, attualizza-

re, sintagmaticamente e contemporaneamente, le proprie virtualità semantiche» (320). Esiste insomma la possibilità che «il contesto, o la situazione, possono risolvere il sincretismo in piú di un membro; ovvero, l'ambiguità può ricevere una soluzione plurima. La polisemia del segno, anziché essere eliminata nel passaggio dall'asse paradigmatico a quello sintagmatico, risulta ribadita sintagmaticamente: i significati coesistono, e dalla loro compresenza il sincretismo semantico del segno polisemico può essere trasposto, secondo i casi, al sintagma, alla frase, alle strutture transfrastiche, in cui sussistono e coesistono piú interpretazioni possibili» (320-1).

81) È questa una definizione estremamente guardinga dell'interlocutrice dell'Io parlante. Mi pare molto probabile che si tratti di una (della) sorella minore di Neobule, ma non credo che la cosa potrà mai essere stabilita con assoluta precisione e certezza, sulla base delle nostre conoscenze attuali. Nel prosieguo del lavoro, il fatto che si tratti di una piú giovane figlia di Licambe sarà dato talvolta per scontato, ma ciò soprattutto per ragioni di semplicità espositiva. Tutta l'interpretazione proposta per l'*Epodo* resta valida anche qualora non esista alcun rapporto di parentela tra Neobule e la Ragazza. Il motivo della contrapposizione tra due sorelle, l'una buona e l'altra cattiva — almeno dal punto di vista del narratore — è peraltro estremamente diffuso a livello folklorico. Un esempio mi è stato suggerito da E. (W.) Cingano: nell'introduzione al disco *Dave Van Ronk Sings* (vol. 2 «Folkways Records» 1971) Eric von Schmidt riporta una strofa iniziale, omessa da Van Ronk, della canzone «yas-yas-yas»:

> I know a gal, lives on the hill
> she won't do it, but her sister will
> never took a bath and never will
> heacht-ptutt, Dirty Lil.

82) Questa nuova partizione del testo, dipendente da una possibile differenziazione interna dei codici e connessa in definitiva con il principio strategico del song, riguarda il livello superficiale dello sviluppo semantico dei temi, e non contrasta con la partizione in stanze prima proposta. Occorre però verificare se e come, sulla medesima base tematica e nello stesso canto, possano innestarsi codici diversi e contrapposti tra loro, al punto che sia possibile la generazione dell'ambiguità.

83) La contestualità di ἀπέχειν e τλῆναι non è determinante per attribuire al secondo il suo valore di 'sopportare'; si pensi al simile rapporto tra ἀνέχειν e τλῆναι nell'epos, dove a nessi dove i verbi hanno significato complementare (sopportare, avere pazienza, soffrire, cfr. p.e. A 586 = E382) se ne affiancano altri nei quali τλῆναι ha il valore ben definito di «osare» (cfr. p.e. Ω 518s.).

84) In Degani 1977, 43.

85) Marzullo 1975, 42.

86) Van Sickle 1975, 136.

87) Degani 1977, 42s.

88) West 1974, 26ss.

89) Cfr. Degani 1977, 38ss. A favore della tesi di West, cfr. anche Henderson 1976, 160.

90) Rankin 1977, c.IV «The Fate of the Lycambids»; *id.*1978, 16ss. Assai critica nei confronti sia del «binomio» doveriano «the assumed personality and the

imaginary situation» (Dover 1964, 206), sia degli sviluppi che esso ha successivamente avuto in West è M.G. Bonanno (1980). Ma, al fondo, la sua mi sembra una posizione cautamente mediatrice. Infatti M.G. Bonanno considera inventati alcuni fra i nomi 'archilochei'; questi però non indicherebbero «figure di repertorio, protagoniste di canti rituali, confezionati e eseguiti in occasione delle feste in onore di Dioniso e Demetra» (65), sarebbero piuttosto veri e propri soprannomi; parlerebbero insomma «una lingua molto precisa, alludendo a vicende reali che coinvolgono la vita del poeta e quella della sua comunità» (86). I protagonisti delle storie archilochee sarebbero «chiamati con un soprannome che allude non tanto al *carattere* di ciascuno, quanto alle note *vicende* che ne hanno rivelato il comportamento al resto della comunità» (87).

91) Rankin 1977a, 5-6.
92) M. Lunghi, *Oralità e tradizione in Africa Nera,* Milano 1979, 79-80.
93) Rankin 1978, 16s.
94) H. Mühlestein, «Redende Personennamen bei Homer», *SMEA* 9, 1969, 67-94; *id.*, «Sieben Personennamen aus der Odyssee», *Ziva Antika* 21, 1971, 45-8.
95) Jensen 1980, 167-9.
96) Degani 1977, 19s.
97) P.Köln 2,58, p.25s.
98) Il permanere di questa lacuna non deriva da *pruderie*, ma dalla mia incapacità di avanzare un'ipotesi attendibile.
99) P.e. A. Casanova, «Un'interpretazione del nuovo Archiloco», *Prometheus* 2, 1976, 18-40.
100) Treu 1976, 111-8.
101) Ad esempio, sulla mancata registrazione della transizione spazio-temporale, cfr. Treu 1976, 117-8.
102) Comunicazione orale. Nello scritto biografico contenuto nel P. Colon. 5860[a-b] si «sottolinea il fine educativo, cioè iniziatico (1.8 παιδεύουσα) del tiaso saffico, nonché l'alto rango sociale delle ragazze che lo frequentavano, provenienti oltre che dai centri dell'isola anche dalle città della Ionia» (B. Gentili, *Gnomon* 48, 1976, 743): in questo contesto ἐφ'ἡσυχίας significherebbe «in vista del matrimonio» (inteso come pace dei sensi), con traslazione di significato per cui si cfr. Alcmane PMG 1, 90s. e Calame 1977 II 118s. e n.41.
103) Henderson 1976, 167: «... in the archaic period (in both epic and lyric poetry) a description of flowery places in a sexual context has specific symbolic connotation: the meadow with his soft, fresh flowers symbolizes both the springtime of nature and the springtime of a female». Si vedano altresí le note 22 e 23 del medesimo articolo.
104) Degani-Burzacchini 1977, 22 *ad v.* E soprattutto cfr. Führer citato a nota 60.
105) B. Gentili, *Gnomon* 48, 1976, 750; *id.* 1976, 17s. Bruno Gentili ha, nel corso di un colloquio, attirato la mia attenzione su Ateneo, *Deipn.* 13, 82, 604 d-e: l'avventura omosessuale di Sofocle, narrata da Ateneo, il quale a sua volta la attinge dagli *Historika Hypomnemata* di Ieronimo Rodio (fr.35 Wehrly) ha molti e significativi punti di contatto con la vicenda narrata nell'*Epodo*; Sofocle avrebbe condotto il fanciullo fuori dalle mura (ἔξω τείχους), questo avrebbe steso il proprio mantello sull'erba (ἐπὶ τῇ πόᾳ), e entrambi si sarebbero coperti con la *chlanis* di Sofocle (τὴν δὲ τοῦ Σοφοκλέους χλανίδα περιεβάλοντο). Queste coinci-

denze, come pure quelle con lo (Ps.) Teocrito 27, indicano certamente l'esistenza di usi e condizionamenti reali, che in fondo hanno resistito fino a pochi anni fa, quando sono stati messi in ombra dal processo di urbanizzazione, piú o meno forzata; per quanto riguarda l'episodio di Sofocle, inoltre, l'esistenza di due mantelli è necessaria perché possa avvenire lo scambio. Tutte queste necessità reali non tolgono però efficacia alla catena logica e culturale, per cui due persone che fanno all'amore in un luogo aperto sentano la necessità di nascondersi, coprendosi almeno con un mantello. (Non è fra l'altro escluso che il piccante e leggero aneddoto sofocleo abbia un'origine — per quanto lontana — assai piú 'seria': cfr. L. Gernet, *Anthropologie de la Grèce ancienne*, Paris 1976, 42 n.119).

Sarebbe molto interessante, a questo proposito, conoscere in quale contesto si inseriva il fr. 607R di Aristotele (presso Ateneo, *Deipn.* 1, 23d), secondo il quale οἱ Τυρρηνοὶ δειπνοῦσι μετὰ γυναικῶν ἀνακείμενοι ὑπὸ τῷ αὐτῷ ἱματίῳ. Sia che Aristotele derivasse direttamente la sua notizia da qualche fonte, sia che — piú o meno correttamente — interpretasse del materiale figurativo (cfr. M. Pallottino, *Etruscologia*, Milano 1977[6], 325), non credo si possa escludere in Aristotele una certa dose di riprovazione e perplessità moralistica che lo indussero a mettere in rilievo l'usanza degli Etruschi.

106) Degani 1977, 16s. e n.4.
107) È superfluo ricordare i destini infelici degli uomini colpevoli di aver sorpreso l'intimità di qualche dea; piuttosto si può notare come l'associazione tradizionale del tema presente nel verbo καλύπτω a situazioni comprendenti un rapporto sessuale (l'*Epodo*, Zeus e Era, Anchise e Afrodite) sia forte al punto da generare passaggi quali Γ 442: Paride, per esprimere il proprio desiderio — in modo peraltro assai simile a Zeus in Ξ 315ss. — afferma οὐ γάρ πώ ποτέ μ'ὧδέ γ'ἔρως φρένας ἀμφεκάλυψεν.
108) In una direzione non diversa vanno gli ammonimenti del Centauro a Apollo, preso dal desiderio per la Ninfa Cirene, in Pindaro, *Pyth.*9: al dio che aveva chiesto (36-7) ὁσία κλυτὰν χέρα οἱ προσενεγκεῖν / ἦρα καὶ ἐκ λεχέων κεῖραι μελιαδέαν ποίαν, Chirone risponde che sia gli uomini sia gli dei rifuggono dall'unirsi ἀμφανδόν (41): il dio dovrà perciò aspettare finché non l'avrà condotta al di là del mare Διὸς ἔξοχον ποτὶ κᾶπον (53). E ancora, Posidone, al momento di unirsi con Tiro (λ 235-59), fa sorgere dal mare un'onda gigantesca che (244) κρύψεν δὲ θεὸν θνητήν τε γυναῖκα.
109) Per il plurale cfr. W.M. Calder III, «Archilochus, The Cologne Erotic Fragment: A Note», *ClJ* 75, 1979/80, 42.
110) J. Van Sickle, «On the Cologne Epode's End Again: An Antinote», *ClJ* 75, 1979/80, 225-8, in particolare 227s. La scultura è riprodotta da G.M.A. Richter, *Handbook of Greek Art*, New York 1969[6], 263 (cfr. fig. 1). Un'altra realizzazione dello stesso tema — con simile stilizzazione — si può trovare in una placchetta di terracotta proveniente dal santuario di Apollo Licio a Metaponto (VII-VI secolo, Metaponto Museo).
111) Degani-Burzacchini 1977, 21 *ad l.*
112) D. E. Gerber, «The Female Breast in Greek Erotic Literature», *Arethusa* 11, 1978, 203-12, in particolare 206.
113) J. Henderson, *The Maculate Muse. Obscene Language in Attic Comedy,* New Haven-London 1975, 117-8, s.v. θύειν 348.

114) *Kalpis* del pittore di Dikaios, da Vulci, ora a Bruxelles, Musées Royaux R 351. Beazley *ARV*² 31, 7. Cfr. fig. 2.

115) La *kalpis* di Bruxelles rappresenta, per la sua antichità e la totale corrispondenza gestuale, la migliore stilizzazione figurativa a me nota della vicenda descritta nell'*Epodo*. Simili *symplegmata* erotici sono peraltro piuttosto diffusi nelle rappresentazioni vascolari piú tarde e sulle lucerne fittili, e compaiono anche in alcuni tipi di punzoni per la ceramica aretina: cfr. p.e. A. Stenico, *La ceramica aretina. II*, Milano-Varese 1966, 30, N. 15P. bis e tav. 33. Una delle principali variabili nella stilizzazione consiste nella posizione della mano destra del giovane, che in alcuni casi — il punzone citato è fra questi — poggia sulla coscia (μηρός ancora!) della donna. Anche in questi casi il rapporto costante tra posizione sdraiata della coppia e disposizione delle mani dell'uomo conferma l'integrazione di Merkelbach.

116) In generale cfr. A. Aloni, «P. Köln 2,58 v.32», *ZPE* 40, 1980, 33-5.

117) Rösler 1976.

118) Rösler 1976, 306.

119) *Ibid*.

120) Finnegan 1977, 116-7.

121) T. Todorov, «Le récit primitiv», *Tel Quel* 30, 1967, 47-55. Sulla complessità e sapienza strutturale del racconto di Odisseo-Cretese in ξ, cfr. D. Del Corno, «Le avventure del falso mendico. (Odissea XIV, 192-359)» in «Miscellanea di studi in memoria di Marino Barchiesi», *RCCM* 18, 1978 (ma 1980), 835-45.

122) Finnegan 1977, 123.

123) Finnegan 1977, 114.

124) Finnegan 1977, 234-5.

125) Henderson 1976, 160: «This arrangement (*i.e.* l'uso dei nomi fittizi) would have had the advantage of allowing the poet to narrate whatever kind of situation he wanted regardless of its autobiographical genuineness, and also to describe sordid or outlandish incidents (such as we find in Hipponax) with no loss of dignity. The advantage of this arrangement in the case of the Cologne Epode would of course be that the speaker would not subject a real girl to public humiliation».

126) West 1974, 33-7; Nagy 1976a, 196.

127) Dioscorides epigr. 17 (*Anth. Pal.* 7.351)

> οὐ μὰ τόδε φθιμένων σέβας ὅρκιον αἴδε Λυκάμβεω
> αἳ λάχομεν στυγερὴν κληδόνα θυγατέρες
> οὔτε τι παρθενίην ᾐσχύναμεν οὔτε τοκῆας
> οὔτε Πάρον, νήσων αἰπυτάτην ἱερῶν,
> ἀλλὰ καθ' ἡμετέρης γενεῆς ῥιγηλὸν ὄνειδος
> φήμην τε στυγερὴν ἔφλυσεν Ἀρχίλοχος.
> Ἀρχίλοχον μὰ θεοὺς καὶ δαίμονας οὔτ' ἐν ἀγυιαῖς
> εἴδομεν οὔθ' Ἥρης ἐν μεγάλῳ τεμένει·
> εἰ δ' ἦμεν μάχλοι καὶ ἀτάσθαλοι, οὐκ ἂν ἐκεῖνος
> ἤθελεν ἐξ ἡμέων γνήσια τέκνα τεκεῖν.

Cfr. West *Poetica* 6, 482; Koenen *Poetica* 6, 499.

128) Rankin 1975, 333. Do qui, del frammento di Crizia, la traduzione di G. Lanata 1963, 223: «Se infatti ... egli non avesse diffuso tra i Greci una tale fama sul suo conto, noi non avremmo appreso né che era figlio della schiava Enipo, né che lasciò Paro per la sua povertà e indigenza e venne a Taso, né che dopo esservi giunto s'inimicò con i suoi abitanti, e neppure certamente che sparlava degli amici non meno che dei nemici. Oltre a ciò ... non sapremmo che era adultero (μοιχός), se non l'avessimo appreso da lui stesso, né che era lussurioso e violento (λάγνος καὶ ὑβριστής), e neppure la cosa piú vergognosa di queste, che scagliò via lo scudo. Non diede dunque Archiloco una buona testimonianza di sé, lasciando di sé tal gloria e fama».

129) Rankin 1975. La citazione seguente è da p. 325, il corsivo è mio; v. sopra.

130) Nagy 1976a.

131) Page 1964, 174; contra Rösler 1976, 302s. e n.24. Ma si veda Bonanno 1980, 87.

132) Nagy 1976 a, 199; inoltre West 1974, 27. Furono comunque dei νεανίσκοι a inscenare il fatale κῶμος di Nasso contro Telestagora e le sue figlie (Arist. fr. 558 R, cfr. nota 11 alla Premessa).

133) Koenen Poetica 6, 506s.

134) Per tutto questo paragrafo occorre tenere presente N. Loraux 1975, soprattutto le pp. 1-9 e la bibliografia ivi citata.

135) Degani 1977, 41.

136) P.e. P. Vidal-Naquet, «Le chasseur noir et l'origine de l'éphébie athénienne», Annales ESC 23, 1968, 947-64; trad. it. in Il mito. Guida storica e critica, a cura di M. Detienne, Roma-Bari 1974, 54.

137) Degani-Burzacchini 1977, 15 ad vv. 16s.

138) Del tutto fuori strada, e forse anche un poco prevenuto, Henderson 1976, 169s.

139) Calame 1977 I 238-9.

140) Calame 1977 I 32-40 e 439-49, e inoltre la bibliografia ivi ricordata, a me solo in parte accessibile.

141) P.e. F. Stoessl, «Das Liebesgedicht des Archilochos», RhM 119, 1976, 249 nota 12.

142) La contrapposizione tra γυνή e παρθένος è stata messa in rilievo da Henderson 1976, 165. Senza fondamento mi pare quanto supposto da Rankin 1977, 124 nota 81.

143) Calame 1977 I 341.

144) Sulla associazione di παῖδες e νέοι ἄνδρες si veda Loraux 1975, 3-4.

145) Anche l'epos omerico aiuta a illuminare la figura e il ruolo del νέος ἀνήρ, nonostante le riserve avanzate anche in Loraux 1975, 4-6. Il nesso compare infatti tre volte, e in tutti e tre i casi legato a personaggi e contesti simili e assimilabili tra loro e al nostro Epodo. Le osservazioni che seguono sono parziali e l'argomento merita un piú ampio studio specifico; inoltre nel leggere questa nota occorrerà sempre tenere presente lo studio di Vidal-Naquet citato a n. 148.

ρ 294s. (ma cfr. anche ai versi precedenti, p.e. 268-9, 280, 284, 292) ... τὸν (i. e. Argo) δὲ πάροιθεν ἀγίνεσκον νέοι ἄνδρες / αἶγας ἐπ'ἀγροτέρας ἠδὲ πρόκας ἠδὲ λαγώους.

γ 24 αἰδὼς δ'αὖ νέον ἄνδρα γεραίτερον ἐξερέεσθαι.

In queste due prime ricorrenze osserviamo che il νέος ἀνήρ è in un caso associato alla caccia, nel secondo caso νέος ἀνήρ è Telemaco, altrove definito νέος παῖς (δ 665, per questo v. sopra). Su Telemaco due osservazioni: mediante un inganno egli parte da Itaca imbelle e impossibilitato a opporsi ai pretendenti, per tornare poi in grado di schierarsi armato a fianco del padre nella strage; la sua condizione di incompiutezza viene sottolineata da Antinoo (δ 663-72) che si augura che Zeus faccia perire il νέος παῖς Telemaco πρὶν ἥβης μέτρον ἱκέσθαι (668).

Infine Ψ, la corsa dei carri nel contesto dei giochi funebri per Patroclo. Antiloco supera Menelao, ma il sorpasso avviene non grazie alla velocità o alla μῆτις suggeritagli da Nestore, ma alla sua astuzia (515) e in definitiva all'inganno. (Sugli aspetti negativi della μῆτις, e in particolare sul comportamento scorretto di Antiloco si veda M.Detienne-J.-P.Vernant, *Les ruses de l'intelligence. La mètis des Grecs,* Paris 1974, 17-31, tr. it. Roma-Bari 1978. La scorrettezza di Antiloco, in particolare, consiste nella scelta del momento e del luogo in cui applicare la μῆτις suggeritagli dal padre). Menelao avanza al termine della gara le sue rimostranze e invita Antiloco a giurargli — secondo l'uso, di fronte al carro e ai cavalli, tenendo nelle mani (χερσίν 538) la frusta e ἵππων ἀφάμενος (584) — di non aver volutamente e con inganno (δόλῳ 585) intralciato il suo carro. Antiloco non ribatte l'accusa, l'accetta bensì e è disposto a fare onorevole ammenda; le sue parole sono interessantissime e vanno lette per intero (587-95):

«ἄνσχεο νῦν· πολλὸν γὰρ ἔγωγε νεώτερός εἰμι
σεῖο, ἄναξ Μενέλαε, σὺ δὲ πρότερος καὶ ἀρείων.
οἶσθ' οἷαι νέου ἀνδρὸς ὑπερβασίαι τελέθουσι·
590 κραιπνότερος μὲν γάρ τε νόος, λεπτὴ δέ τε μῆτις.
τῶ τοι ἐπιτλήτω κραδίη· ἵππον δέ τοι αὐτὸς
δώσω, τὴν ἀρόμην. εἰ καί νύ κεν οἴκοθεν ἄλλο
μεῖζον ἐπαιτήσειας, ἄφαρ κέ τοι αὐτίκα δοῦναι
βουλοίμην ἢ σοί γε, διοτρεφές, ἤματα πάντα
595 ἐκ θυμοῦ πεσέειν καὶ δαίμοσιν εἶναι ἀλιτρός.»

A parte le solite 'coincidenze' verbali, è opportuno sottolineare che la linea di difesa di Antiloco si basa proprio sul suo stato di νέος ἀνήρ, e sulle conseguenze che ne derivano.

146) M.G. Bonanno, «Note al nuovo Archiloco», *M.Cr.* 8/9, 1973/4 (ma 1975), 11.
147) Per il valore sociale di χάρμα, cfr. Hesiod, *Works and Days,* ed. with prol. and comm. by M.L. West, Oxford 1978, 328 *ad v.* 701, si veda anche 327 *ad vv.* 696-7 e 698.
148) L'uso di un tempo passato («... fu deciso ...») è motivato solo da comodità espositiva.
149) Rankin 1977, e 1977a.
150) La cronologia proposta da Rankin si basa, nelle linee essenziali su F. Jacoby, «The Date of Archilochos», *CIQ* 31, 1941, 97-109, che ebbe il merito di affer-

mare definitivamente la superiorità di una cronologia 'bassa', rispetto a quella 'alta' (cfr. p.e. A. Blakeway, «The Date of Archilochos» in *Greek Poetry and Life. Essays Presented to G. Murray,* Oxford 1936, 34-55).
151) Rankin 1977, 27 e 1977a, 12.
152) Rankin 1977, 26 e 1977a, 13.
153) Rankin 1977, 28.
154) Rankin 1977, 30-5.
155) Rankin 1977, 30.
156) Gentili 1978, 431.
157) Per quanto segue cfr. Gentili 1978, 398s.
158) Gentili 1978, 431.

BIBLIOGRAFIA CITATA IN ABBREVIAZIONE

Allen-Halliday-Sikes:
: *The Homeric Hymns*, ed. by T.W. Allen, W.R. Halliday and E.E. Sikes, Oxford 1936².

M.G. Bonanno 1980:
: «Nomi e soprannomi archilochei», *MH* 37, 1980, 65-88.

Th. Breitenstein 1971:
: *Hésiode et Archiloque*, Odense 1971.

C. Calame 1974:
: «Réflexions sur les genres litteraires en Grèce archaïque», *QUCC* 17, 1974, 113-28.

C. Calame 1977 I:
: *Les choeurs de jeunes filles en Grèce archaïque, I: Morphologie, fonction religieuse et sociale*, Roma 1977.

C. Calame 1977 II:
: *Les choeurs de jeunes filles en Grèce archaïque, II: Alcman*, Roma 1977.

P. Chantraine 1968ss.:
: *Dictionnaire étymologique de la langue grecque*, Paris I 1968; II 1970; III 1975; IV 1, 1977.

E. Degani 1963:
: «Marginalia», *Helikon* 3, 1963, 485-6.

E. Degani 1977:
: «Sul nuovo Archiloco (P. Colon. inv. 7511)», in *Poeti greci giambici e elegiaci*, a cura di E.D., Milano 1977, 15-43.

E. Degani-G. Burzacchini 1977:
Lirici greci. Antologia, Firenze 1977.

K.J. Dover 1964:
«The Poetry of Archilochos», in *Archiloque,* Entr. Hardt 10, 1963, Vandoeuvres-Genève 1964, 183-212 (ora anche in Degani 1977, 56-76.

R. Finnegan 1977:
Oral Poetry. Its nature, Significance and social Context, Cambridge 1977.

J.M. Foley 1976:
«Formula and Theme in Old English Poetry», in *Oral Literature and the Formula,* edd. B.A. Stolz-R.S. Shannon III, Ann Arbor 1976, 207-32, con una «Response» di S. Kunn 233-4.

H. Fränkel 1968[3]:
Wege und Formen frühgriechischen Denkens, München 1968[3].

H. Fränkel 1969[3]:
Dichtung und Philosophie des frühen Griechentums, München 1969[3].

H. Frisk 1960ss.:
Griechisches etymologisches Wörterbuch, Heidelberg I 1960, II 1970, III 1972.

A. Garzya 1958:
«Una variazione archilochea in Sinesio», *Maia* 10, 1958, 66-71.

B. Gentili 1965:
«Interpretazione di Archiloco fr. 2D = 7L.-B.», *RFIC* 93, 1965, 129-34.

B. Gentili 1968:
«Epigramma e elegia» in *L'épigramme grecque,* Entr. Hardt 14, 1967, Vandoeuvres-Gèneve 1968, 39-68 (ora anche in Degani 1977, 174-94).

B. Gentili 1969:
«L'interpretazione dei lirici arcaici nella dimensione del nostro tempo. Sincronia e diacronia nello studio di una cultura orale», *QUCC* 8, 1969, 7-21.

B. Gentili 1972:
«Lirica greca arcaica e tardo arcaica», in *Introduzione allo studio della cultura classica. I,* Milano 1972, 57-105.

B. Gentili 1976:
«Note a Archiloco, P. Col. 7511; Fr. 2 Tard., 2 West», *QUCC* 21, 1976, 17-21.

B. Gentili 1978:
«Storicità della lirica greca (1)» in *Storia e civiltà dei Greci/2. Origini e sviluppo della città. L'arcaismo,* Milano 1978, 383-461. Il saggio prosegue in *Storia e civiltà dei Greci/3. La Grecia nell'età di Pericle. Storia, letteratura, filosofia,* Milano 1979, 209-54.

B. Gentili-P. Giannini 1977:
«Preistoria e formazione dell'esametro», *QUCC* 26, 1977, 7-51 (Gentili 7-37, Giannini 38-51).

P. Giannini 1973:
«Espressioni formulari nell'elegia arcaica», *QUCC* 16, 1973, 7-78.

Gow II:
Theocritus, Edited with a translation and a Commentary by A.S.F. Gow, vol. II Commentary, Appendix, Indexes, and Plates, Cambridge 1952².

J. Henderson 1976:
«The Cologne Epode and the Conventions of Early Greek Erotic Poetry», *Arethusa* 9, 1976, 159-79.

M.S. Jensen 1980:
The Homeric Question and the Oral-Formulaic Theory, Copenaghen 1980.

G.S. Kirk 1966 = 1976:
«Studies in Some Technical Aspects of Homeric Style: II Verse-Structure and Sentence-Structure in Homer», *YCIS* 20, 1966, 105-52; ora con modifiche in *Homer and the Oral Tradition*, Cambridge 1976, 146-82.

N.M. Kondoleon 1964:
«Archilochos und Paros», in *Archiloque*, Entr. Hardt 10, 1963, Vandoeuvres-Gèneve 1964, 39-73.

N.M. Kondoleon 1965:
«Ἀρχαϊκή ζωφόρος ἐκ Πάρου», in *Charistirion A.K. Orlandos I*, Athine 1965, 348-418.

D. Korzeniewski 1968:
Griechische Metrik, Darmstadt 1968.

G. Lanata 1963:
Poetica pre-platonica. Testimonianze e frammenti, Firenze 1963.

Lasserre-Bonnard:
F. Lasserre-A. Bonnard, *Archiloque. Fragments*, Paris 1958.

N. Loraux 1975:
«HBH et ANΔPEIA: deux versions de la mort du combattant athénien», *Ancient Society* 6, 1975, 1-31.

A.B. Lord 1948:
«Homer and Huso III: Enjambement in Greek and Southslavic Heroic Song», *TAPhA* 79, 1948, 113-24.

A.B. Lord 1960:
The Singer of Tales, Cambridge (Mass.) 1960.

E. Masson 1967:
Recherches sur les plus anciens emprunts sémitiques en grech, Paris 1967.

R. Merkelbach-M.L. West 1974:
«Ein Archilochos-Papyrus», *ZPE* 14, 1974, 97-112 (3).

O. Murray 1980:
Early Greece, London 1980.

M.N. Nagler 1967:
«Towards a Generative View of the Oral Formula», *TAPhA* 98, 1967, 269-311.

M.N. Nagler 1974:
Spontaneity and Tradition. A Study in the Oral Art of Homer, Berkeley-Los Angeles 1974.

G. Nagy 1976:
«Formula and Meter», in *Oral Literature and the Formula*, edd. B.A. Stolz-R.S. Shannon III, Ann Arbor 1976, 239-60, con una «Response» di J. Puhvel 261-3.

G. Nagy 1976a:
«Iambos: Typologies of Invective and Praise», *Arethusa* 9, 1976, 191-205.

G. Nagy 1979:
The Best of the Achaeans. Concepts of the Hero in Archaic Greek Poetry, Baltimore and London 1979.

J.A. Notopoulos 1966:
«Archilochus, the Aoidos», *TAPhA* 97, 1966, 311-5.

E.G. O'Neill 1942:
«The Localization on Metrical Word-Types in the Greek Hexameter», *YClS* 8, 1942, 103-8.

D. Page 1964:
«Archilochus and the Oral Tradition», in *Archiloque*, Entr. Hardt 10, 1963, Vandoeuvres-Genève 1964, 119-63.

M. Parry 1928:
L'épithète traditionnelle dans Homère. Essai sur un problème de style homérique, Paris 1928; ora in *The Making of Homeric Verse: The collected Papers of Milman Parry* ed. by A. Parry. Oxford 1971, 1-190.

M. Parry 1929:
«The Distinctive Character of Homeric Enjambement», *TAPhA* 60, 1929, 200-20; ora in *The Making of Homeric Verse: The Collected Papers of Milman Parry*, ed. A. Parry, Oxford 1971, 251-65.

C.O. Pavese 1972:
Tradizioni e generi poetici della Grecia arcaica, Roma 1972.

C.O. Pavese 1974:
Studi sulla tradizione epica rapsodica, Roma 1974.

B. Peabody 1975:
The Winged Word. A Study in the Technique of Ancient Greek Oral Composition as Seen Principally through Hesiod's «Works and Days», Albany 1975.

Poetica 6:
H. Flashar - Th. Gelzer - L. Koenen - K. Maurer - W.

Theiler - M.L. West, «Ein wiedergefundenes Archilochos - Gedicht?», *Poetica* 6, 1974, 468-512.

J. Pouilloux 1964:
«Archiloque et Thasos: histoire et poésie» in *Archiloque*, Entr. Hardt 10, 1963, Vandoeuvres-Genève 1964, 3-27.

H.D. Rankin 1972:
«ΜΟΙΧΟΣ ΛΑΓΝΟΣ ΚΑΙ ΥΒΡΙΣΤΗΣ: Critias and His Judgement of Archilochus», *GrB* 3, 1975, 323-34.

H.D. Rankin 1977:
Archilochus of Paros, Park Ridge N.J., 1977.

H.D. Rankin 1977a:
«Archilochus' Chronology and Some Possible Events of His Life», *Eos* 65, 1977, 5-15.

H.D. Rankin 1978:
«The New Archilochus and Some Archilochean Questions», *QUCC* 28, 1978, 7-27.

W. Rösler 1975:
«Ein Gedicht und sein Publikum», *Hermes* 103, 1975, 275-85.

W. Rösler 1976:
«Die Dichtung des Archilochus und die neue Kölner Epode», *RhM* 119, 1976, 289-310.

J. Romano 1974:
The Literary Art of Archilochus: The Elegiac Poems, Diss. Ann Arbor 1974.

L.E. Rossi 1965:
«Estensione e valore del 'colon' nell'esametro omerico», *Stud. Urb.* 39 N.S. n.1, 1965, 239-73.

J.A. Russo 1963:
«A Closer Look at Homeric Formulas», *TAPhA* 94, 1963, 235-47.

J.A. Russo 1966:
«The Structural Formula in Homeric Verse», *YClS* 20, 1966, 219-40.

J.A. Russo 1976:
«Is 'Oral' or 'Aural' Composition the Cause of Homer's Formulaic Style?», in *Oral Literature and the Formula*, edd. B.A. Stolz-R.S. Shannon III, Ann Arbor 1976, 31-54, con una «Response» di R.S. Shannon 55-7.

B. Seidensticker 1978:
«Archilochus and Odysseus», *GRBS* 19, 1978, 5-22.

J. Svenbro 1976:
La parole et le marbre. Aux origines de la poétique grecque, Lund 1976.

J. Van Sickle 1975:
«The New Erotic Fragment of Archilochus», *QUCC* 20, 1975, 123-56.

M. Treu:
Archilochos. Sämtliche Fragmente, München 1959.

M. Treu:
«Archilochos und die Schwestern», *RhM* 119, 1976, 97-126.

M.L. West 1974:
Studies in Greek Elegy and Iambus, Berlin-New York 1974.

Dansk resume.

Emne for bogens to dele er dels Archilochos' elegiske fragmenter 1W, 2W, 4W, dels den første Kølnepode (P.Köln 2, 58, 1-35). Undersøgelsen sigter mod en afklaring af de särlige egenskaber ved de fremførelser, hvorunder Archilochos foredrog de kompositioner, som fragmenterne er en del af. Udgangspunktet er en overbevisning om, at Archilochos var en mundtlig digter, medlem af et samfund af traditionel type, hvor heksametereposet var det mest udbredte og almindeligt forståede medium.

I. Om formelstil hos Archilochos.
1. Digteren og byen. For at forstå fragmenterne og den kontekst, de opstod i, er det afgørende at studere forholdet mellem på den ene side den sproglige stilisering, som kan iagttages i elegierne og Epoden, og på den anden den specielle diktion i den episke digtning, isär den homeriske.

Anvendelsen af den homeriske diktion som referenceramme beror hverken på en formodning om, at eposet kronologisk går forud for elegien, eller om at det ene poetiske sprog er afledt af det andet, men udelukkende på erkendelsen af, at heksameterdigtningen, og isär det fortällende epos, var udbredt i praktisk taget hele den gräske verden; fremførelser af denne type var henvendt til et stort og udifferentieret publikum, som forstod dem og påskønnede dem.

Tilstedeväxelsen i elegien af en delvis formulär stil, sammenlignelig men ikke identisk med den episke digtnings stil, er af särlig betydning. Formlernes forekomst er ikke kun begrundet af de krav, som stilles af komposition under fremførelse, men også af de krav, digteren stiller til at blive forstået af det publikum, der overvärer fremførelsen.

De sproglige og indholdsmässige forskelle på de poetiske genrer i det arkaiske Gräkenland — og også de forskelle, der findes inden for een og samme genre, f.eks. elegien — bestemmes af digterens vilje; men den er igen underlagt de gränser for friheden, som publikum sätter. Med andre ord: digteren er fri, så länge han udtrykker og formidler erfaringer, begivenheder,praktiske anvisninger o.s.v., som kan forstås og godtages af tilhørenre; hans frihed er traditionsbunden.

Traditionen er imidlertid ikke monolitisk og finder ikke kun sit udtryk i den episke digtning; den er tvärtimod nuanceret og tilpasset de forskellige anledninger, hvor digterne førte sig frem, og de forskellige sammensätninger af det publikum, der overvärede hver enkelt fremførelse.

2. Soldat og digter. I fr. 1W er tilknytningen til den episke diktion iøjnefaldende; elegien giver indtryk af at väre henvendt til et publikum, som i antal og sammensätning svarede til det, der overärede de episke rapsoders fremførelser. Men den måde, den digteriske virksomhed fremstilles på, en kombination af udtryk for digterens egen krigeriske virksomhed med udtryk, der er typiske for rapsoder, lader formode, at den fundamentale forskel på denne elegi og den episke fremførelse lå i stoffet.

Ares' tjener, som forstår sig på Musernes yndige gave, fortäller ikke kun om begivenheder, han har hørt om af Muserne, som er de eneste vidner til fortidens begivenheder; han fortäller også ting, han selv har oplevet og set. Hans publikum er bredt, men forbundet indbyrdes af det organiske tilhørsforhold til byen.

3. Bygbrød og ismarisk vin. Frr. 2W og 4W tilhørte efter B. Gentilis mening samme digt; afstanden til den episke diktion er identisk. Der er a) et mindre antal formuläre elementer, b) massiv brug af allitteration, assonans og enjambement (med det formål at skabe en redundans, som medvirker til bevarelse af teksten), c) anvendelse af visse vendinger, som ikke er umiddelbart forståelige, og omtale af et antal genstande (*selmata, kothones, kadoi*) ved specielle navne: heri kan man se et udtryk for sangerens og hans tilhøreres oplevelser og erfaringer.

4. Konklusioner. Alt lader formode, at publikum til den elegi, der indeholdt frr. 2W og 4W, ikke blot var begränset, men også forbundet indbyrdes af specielle erfaringer, i dette tilfälde fra militärlivet. Digteren henvender sig til et udsnit af borgerne, som ikke blot kan forstå og påskønne den historie og de henvisninger, elegien indeholder, men også genopleve en del af deres egen historie deri.

II. Der var engang to unge mennesker på Paros ...

Først analyseres Epodens lingvistiske struktur og dens forhold til episk diktion undersøges. Trods genremässige forskelle eksisterer der en forbindelse mellem eposets formelstil og Epodens egen stilisering. Forskellene består isär i a) sproglig-dialektal forandring, b) omflytning af ord, c) forandring (eller udeladelse) af det faste epitet, d) lejlighedsvis forandrig af funktionelle og/eller betydningsmässige elementer. Lighederne betyder heller ikke i dette tilfälde, at der eksisterer et generativt og hierarkisk forhold mellem epos og epodisk poesi, men de angiver eksistensen af et traditionelt poetisk sprog, der lader sig tilpasse til forskellige anledninger og funktioner (§§ 1.0-3.2).

Et lignende forhold mellem homerisk epos og Epoden eksisterer også på det tematiske plan (tema taget i den betydning, som B.Peabody tillägger det) og på det strukturelle plan, som det fremgår af de paralleller, der lader sig etablere til passager af de homeriske digte (§§ 4.0-7.2).

Epodens ledemotiv synes at väre dobbelttydighed, emblematisk udtrykt lige fra begyndelsen af de bevarede vers med den dobbelte värdi af *tlenai*: «vove» og «udholde». Dobbelttydigheden udfolder sig som en slags dobbelt diskurs fra digterens side: de budskaber, som Archilochos og Pigen udveksler kan afkodes af publikum — som alene besidder nøglen — dels på et realistisk plan, dels metaforisk og alluderende til (foregribende) den seksuelle forbindelse, der afslutter Epoden. En sådan kompleksitet er ikke i modstrid med digtets mundtlighed, men finder talrige paralleller i mundtlige traditioner også fra vore dage.

Også den afsluttende passage overholder i gestus og de

mindste detaljer en slags seksualcodex for arkaisk tid (§§ 8.0-11.2).

Det som kendetegner forbindelsen mellem Archilochos og Pigen er dens ufuldbyrdede karakter, som igen beror på protagonisternes egen sociale og aldesrmässige umodenhed; den ene er *neos aner*, den anden *parthenos*. De er ikke endnu i stand til at have fuldbyrdede forbindelser, da disse tilhører den voksne alder og fuldborgeren. En begränset og kammeratlig gruppe mänd — som også *neoi andres* var del af — er derfor Epodens mest sandsynlige modtagergruppe.

Archilochos' «foryngelse» (han er først voksen og forlovet med Neobule, dernäst *neos aner*, som forstøder Neobule, fordi hun er for gammel) viser endelig, at digteren kunne antage en fiktiv personlighed i løbet af fremførelsen. Lige så fiktive kunne en del af de personer väre, som digteren lader opträde; dette synes blandt andet at fremgå af en del af de egennavne («talende» eller på forskellig måde traditionelle), som forekommer i fragmenterne af Archilochos. Deraf følger dog ikke, at alle personer og alle beskrevne begivenheder nødvendigvis må väre fiktive, frugter af digterens fantasi (§§ 12.0-ud).

Et kort *appendix* behandler forsøgene på ud fra oplysninger, der indeholdes i fragmenterne af Archilochos, at rekonstruere digterens biografi.

Devo la versione danese di questo riassunto alla gentilezza e alla competenza di M.S. Jensen: a una sua revisione delle bozze devo l'eliminazione di molti errori.

Fig. 1   Statue lignea, cfr. n. 110 a p. 156.

Fig. 2   Kalpis di Bruxelles R 351, cfr. n. 114 a p. 157.